Ludolf Müller · Helden und Heilige aus russischer Frühzeit

LUDOLF MÜLLER

Helden und Heilige aus russischer Frühzeit

Dreißig Erzählungen
aus der altrussischen
Nestorchronik

ERICH WEWEL VERLAG MÜNCHEN

QUELLEN UND STUDIEN ZUR RUSSISCHEN GEISTESGESCHICHTE
HERAUSGEBER: LUDOLF MÜLLER
BAND 3

1. AUFLAGE 1984
©
COPYRIGHT 1984
BY ERICH WEWEL VERLAG, MÜNCHEN
UMSCHLAGZEICHNUNG VON ANTON OBERFRANK
UMSCHLAGGESTALTUNG: SIEGBERT SEITZ
HERGESTELLT IN DEN WERKSTÄTTEN DER
VERLAG UND DRUCKEREI G. J. MANZ, DILLINGEN/DONAU
ALLE RECHTE VORBEHALTEN · PRINTED IN GERMANY
ISBN 3-87904-101-6

INHALT

	Text	Anm.
Vorwort	7	
1. Der Apostel Andreas reist durch Rußland und prophezeit die künftige Größe Kiews (um 50)	9	85
2. Die Gründung der Stadt Kiew durch die Brüder Kij, Schtschek und Choriw (um 500)	10	85
3. Die Gründung des russischen Reiches durch Rurik und seine Brüder (860)	11	86
4. Olég läßt Askóld und Dir töten und macht Kiew zur »Mutter der russischen Städte« (882)	12	88
5. Der Kiewer Fürst Olég belagert Konstantinopel und schließt dann Frieden mit den Griechen (907)	13	89
6. Russische Gesandte beim griechischen Kaiser (912)	14	89
7. Olégs Tod durch sein Pferd (912)	15	90
8. Der Tod Ígors und Ólgas Rache (945)	16	90
9. Ólgas Taufe (955)	20	92
10. Die ersten Feldzüge Sswjatossláws (964–967)	23	93
11. Ólgas Tod (969)	24	94
12. Sswjatossláw und die Griechen (971); Sswjatossláws Tod (972)	25	95
13. Wladímirs Kampf gegen seinen Bruder Jaropólk (980)	29	97
14. Wladímirs Götzendienst und Vielweiberei (980)	31	98
15. Warägische Märtyrer in Kiew (983)	32	98
16. Die Mohammedaner, die Lateiner, die Juden und die Griechen senden Missionsgesandtschaften zu Wladímir nach Kiew (986)	33	99
17. Wladímir läßt die Religion der Mohammedaner, der Lateiner und der Griechen durch eigene Gesandtschaften erkunden (987)	36	101
18. Die Taufe Wladímirs des Heiligen und des Volkes von Kiew (988)	38	101

Inhalt

	Text	Anm.
19. Der Tod Wladímirs des Heiligen (1015); Aufforderung an die gläubigen Russen, sein Andenken zu ehren, damit Gott ihn verherrliche	44	103
20. Die Ermordung der heiligen Borís und Gleb (1015)	45	104
21. Der Untergang des Brudermörders Sswjatopólk (1019)	51	107
22. Der Zweikampf zwischen Mstissláw und Rededja (1022)	56	110
23. Die kirchliche Tätigkeit Jarossláws des Weisen (1017–1054)	57	110
24. Die Entstehung des Kiewer Höhlenklosters (um 1051)	58	111
25. Die Übertragung der Reliquien der hll. Borís und Gleb in eine neugebaute Kirche (1072)	62	112
26. Der Tod des Abtes Feodóssij (1074)	63	113
27. Über die Mönche des Kiewer Höhlenklosters (vor und nach 1074)	67	115
28. Der Tod des Fürsten Isjassláw in der Schlacht auf dem Neshatino-Feld (1078)	75	119
29. Aufdeckung und Übertragung der Reliquien des hl. Feodóssij (1091)	78	121
30. Die heidnischen Kumanen plündern das Höhlenkloster (1096)	82	125
31. Nachschrift des Abtes Ssilwéstr zu seiner Abschrift der Nestorchronik (1116)	83	126
32. Die Eroberung und Zerstörung Kiews durch die Tataren (1240)	83	126
Zum Bild auf dem Buchdeckel		127
Stammtafel		128
Geographische Karte		3. US

VORWORT

Der vorliegende Band enthält die schönsten und wichtigsten Erzählungen aus der altrussischen Nestorchronik, die um das Jahr 1113 im Kiewer Höhlenkloster entstanden ist. Der Chronist hat hier alles zusammengetragen, was er aus der mündlichen und schriftlichen Überlieferung über die Geschichte des russischen Reiches im allgemeinen und der Stadt Kiew, der »Mutter der russischen Städte«, im besonderen in Erfahrung bringen konnte. Alte Legenden und sagenhafte Überlieferungen hat er nur geringfügig überarbeitet, die Geschehnisse seiner Zeit, die er zum Teil selbst miterlebt hat, schildert er in seiner eigenen Sprache. Manchmal begnügt er sich mit schlichter Wiedergabe der Ereignisse, manchmal ergeht er sich in theologischen Reflexionen, manchmal erhebt er sich zu feierlichem Lobpreis auf Helden und Heilige. So ist das Buch gleich wertvoll als eine der besten Geschichtsquellen für das russische Reich im frühen Mittelalter wie auch als eins der schönsten Literaturdenkmäler der reichen altrussischen Literatur.
Die Nestorchronik trägt ihren Namen mit etwas zweifelhaftem Recht. Es ist fraglich, ob ihr Verfasser wirklich Nestor hieß. Wir kennen einen hagiographischen Schriftsteller dieses Namens, der in der zweiten Hälfte des 11. Jh. zwei Heiligenviten geschrieben hat: eine über Boris und Gleb, die andere über Feodóssij. Man hat diesen Hagiographen Nestor früh auch für den Verfasser der Chronik gehalten. Aber er kann das kaum gewesen sein, da die Angaben über die genannten Heiligen in den Viten denen der Chronik zum Teil sehr stark widersprechen.
Wie aus dem Inhalt der Chronik deutlich wird, ist sie ursprünglich im Höhlenkloster geschrieben worden. Aber überliefert ist sie nur in einer etwas späteren Fassung, die auf Ssilwéstr, den Abt eines anderen Kiewer Klosters, zurückgeht. Er hat die Nestorchronik im Jahre 1116 abgeschrieben und sie dabei in einem nicht ganz sicher zu erkennenden Ausmaß überarbeitet (s. die Vorbemerkung zu Nr. 31, S. 126). Dieser Ssilwestr-Abschrift der Nestorchronik sind alle Erzählungen unseres Bandes außer der letzten (Nr. 32) entnommen.
Im ersten Teil des vorliegenden Bandes (S. 9–84) bringe ich die Übersetzung der altrussischen Texte, im zweiten Teil (S. 85–127) erläuternde Anmerkungen zu den Texten. Den Anmerkungen ist jeweils eine Vorbemerkung vorausgeschickt, in der zuerst angege-

ben wird, auf welcher Spalte (»Sp.«) der von mir benutzten Ausgabe des altrussischen Textes der Nestorchronik (»Polnoe sobranie russkich letopisej«, Bd. 1, 2. Aufl., Leningrad, 1926) die betreffende Erzählung zu finden ist. Dann folgen kurze Angaben über ihre Herkunft, ihren literarischen Charakter, ihre historische Zuverlässigkeit. All dies ist, ebenso wie die folgenden Anmerkungen, verhältnismäßig kurz gehalten; auf Literaturangaben und auf eine Auseinandersetzung mit der bisherigen Forschung wurde im allgemeinen verzichtet; all dies soll in einer geplanten vollständigen Übersetzung der Nestorchronik, die ich im Wilhelm Fink Verlag, München, im Rahmen des von mir herausgegebenen »Handbuchs zur Nestorchronik« zu veröffentlichen gedenke, geboten werden.

In des Transkription der russischen Wörter und Namen folge ich den Regeln, die ich in Band 2 dieser Reihe (meinem Buch über Dostojewskij), auf S. 118–120, dargestellt habe. Die Tonstelle russischer Wörter und Namen bezeichne ich, sofern sie sich sicher feststellen ließ, durch einen Akzent. Beim Wort »Kiew«, das auf der ersten Silbe betont wird (Kíjew), habe ich darauf verzichtet. Außer den allgemeinen gebräuchlichen Abkürzungen benutze ich nur die folgenden: bei den Angaben der Jahreszahlen »n. E. W.« und »n. Chr.« (siehe dazu Anm. 3,1, S. 87); ferner die Abkürzungen für die Bücher der Bibel, nach dem »Ökumenischen Verzeichnis der biblischen Eigennamen nach den Loccumer Richtlinien«, 2. Aufl., Stuttgart, 1981. Bei der Angabe von Psalmstellen folge ich der Zählung der hebräischen Bibel und ihrer deutschen Übersetzung; in Klammern setze ich (sofern nötig) dahinter die Zählung nach der griechischen Übersetzung des Alten Testamentes (»Septuaginta«), der auch die in der Russischen Orthodoxen Kirche gebräuchliche kirchenslawische Übersetzung folgt. Auf der hinteren inneren Umschlagseite findet sich eine Karte des russischen Reiches im 11. Jh. mit Angabe der wichtigsten in diesem Band vorkommenden Orts- und Gewässernamen; auf der gegenüberliegenden Seite eine Stammtafel des russischen Herrscherhauses der Rurikiden für die 250 Jahre (860–1116), die die Darstellung der Nestorchronik umfaßt. Um die Stammtafel übersichtlich zu halten, habe ich nur die Namen aufgenommen, von denen in den hier dargebotenen Erzählungen ausführlich die Rede ist.

1. Der Apostel Andreas reist durch Rußland und prophezeit die künftige Größe Kiews (um 50)

Als Andreas in Sinópe[1] lehrte und als er nach Kórssun gekommen war, sah er, daß von Kórssun aus die Mündung des Dnepr nahe ist. Und er wollte nach Rom fahren, und er fuhr in die Dnepr-Mündung hinein, und von da fuhr er dnepr-aufwärts. Und es begab sich, daß er kam und machte Halt unterhalb von Bergen am Ufer; und am anderen Morgen stand er auf und sagte zu den Jüngern, die mit ihm waren: »Sehet ihr diese Berge? Denn auf diesen Bergen wird aufstrahlen die Gnade Gottes. Es wird eine große Stadt sein, und Gott wird viele Kirchen errichten.« Und nachdem er hinaufgegangen war auf diese Berge, segnete er sie und errichtete ein Kreuz. Und nachdem er zu Gott gebetet hatte, stieg er herab von diesem Berg, wo später Kiew entstand. Und er fuhr dnepr-aufwärts und kam zu den Slowenen[2], wo jetzt Nówgorod ist, und sah die Menschen, die dort waren, welche Gewohnheit sie haben und wie sie sich waschen und peitschen. Und er wunderte sich über sie und fuhr zu den Warägern[3] und kam nach Rom und erzählte, wieviel er gelehrt und wieviel er gesehen hatte. Und er sprach zu ihnen: »Wundersames habe ich gesehen im slowenischen Lande, als ich hierher fuhr. Ich sah hölzerne Badestuben, und sie heizen sie bis zur Gluthitze und ziehen sich aus und sind nackt. Und sie übergießen sich mit Gerbersäure. Und sie erheben junges Reisig gegen sich und schlagen sich selbst, und sie schlagen sich so lange, bis sie kaum lebendig herauskommen, und sie übergießen sich mit kaltem Wasser, und so leben sie wieder auf. Und das tun sie alle Tage, von niemanden gepeinigt, sondern selbst peinigen sie sich. Und das tun sie sich als Reinigung und nicht als Peinigung.« Die aber, da sie es hörten, wunderten sich. Andreas aber, nachdem er in Rom gewesen war, kam nach Sinópe.

2. Die Gründung der Stadt Kiew durch die Brüder Kij, Schtschek und Choriw (um 500)

Als die Poljanen[1] für sich lebten und geboten über ihre Sippen (denn auch vor diesen Brüdern gab es Poljanen, und sie lebten ein jeder mit seiner Sippe an seinem Ort, und ein jeder gebot über seine Sippe an seinem Ort), da waren drei Brüder; der eine hatte den Namen Kij, und der andere hieß Schtschek und der dritte Choríw und ihre Schwester Lýbed. Kij saß auf dem Berge, wo jetzt die Borítschew-Auffahrt[2] ist, und Schtschek saß auf dem Berge, der jetzt Schtschekowíza heißt, und Choríw auf dem dritten Berge; von daher wurde dieser Chorewiza genannt. Und sie schufen eine kleine Stadt auf den Namen ihres ältesten Bruders und nannten sie Kiew, und es war rings um diese Stadt Laubwald und großer Nadelwald; und sie fingen wilde Tiere; sie waren weise und kluge Männer und hießen Poljanen. Von denen her kommen die Poljanen bis zum heutigen Tage.
Andere aber, die es nicht recht wissen, haben gesagt: »Kij ist ein Fährmann gewesen.« Bei Kiew war damals nämlich eine Fähre von jener Seite des Dnepr. Darum sagte man: »Zur Fähre des Kij.« Wenn Kij aber ein Fährmann gewesen wäre, so wäre er nicht nach Zargrad[3] gezogen. Dieser Kij aber war Fürst in seiner Sippe. Und da er zum Zaren kam (wir wissen nicht, unter welchem Zaren er kam; sondern nur davon wissen wir, daß man sagt: »Er hat große Ehre von dem Zaren empfangen«, den [d. h. dessen Namen] wir nicht wissen), und da er zurück reiste, kam er zur Donau und gewann die Stelle lieb und zimmerte ein kleines Städtchen und wollte sich dort ansiedeln mit seiner Sippe, und die dort in der Nähe lebten, ließen ihm das nicht zu; und bis heute nennen die Leute an der Donau die Burgstätte Kiewez. Da Kij aber in seine Stadt Kiew [zurück]gekommen war, endete er hier sein Leben, und sein Bruder Schtschek und Choríw und ihre Schwester Lýbed starben gleichfalls hier.

3. Die Gründung des russischen Reiches durch Rurik und seine Brüder (860)

Im Jahre 6367[1]. Die Waräger von jenseits des Meeres erhoben Tribut von den Tschuden[2] und von den Slowenen, von den Meriern und von den Wessen und von den Kriwitschen; die Chasaren aber erhoben Tribut von den Poljanen und von den Ssewerjanen und von den Wjatitschen; sie erhoben je ein weißes Eichhörnchen von der Herdstelle. [...]
Im Jahre 6370[3]. Sie verjagten die Waräger übers Meer und verweigerten ihnen den Tribut, und sie begannen, selbst unter sich zu herrschen, und es war keine Gerechtigkeit unter ihnen, und Sippe stand auf gegen Sippe, und es entstanden Fehden unter ihnen, und sie begannen, Krieg gegeneinander zu führen. Und sie sagten zueinander: »Lasset uns einen Fürsten suchen, der über uns herrsche und der anordne nach Recht!«
Und sie fuhren über das Meer zu den Warägern, zu den Russen, denn so hießen diese Waräger: »Russen«[4], wie andere [Waräger] Schweden heißen, andere aber Normannen, Angeln, andere Goten, so auch diese. Und es sagten die Tschuden und die Slowenen und die Kriwitschen und die Wessen zu den Russen: »Unser Land ist groß und hat Überfluß, aber es ist keine Ordnung in ihm. So kommt, Fürst zu sein bei uns und unter uns zu herrschen!« Und es wurden drei Brüder ausgewählt mit ihren Sippen, und sie nahmen mit sich alle Russen. Und sie kamen zuerst zu den Slowenen und zimmerten die Stadt Ládoga[5], und in Ládoga ließ sich der Älteste nieder, Rúrik; und der zweite, Síneus, in Beloósero und der dritte, Trúwor, in Isbórsk; und von diesen Warägern erhielt das russische Land seinen Namen.
Nach zwei Jahren aber starb Síneus und sein Bruder Trúwor, und Rúrik übernahm die ganze Herrschaft allein, und er kam zum Ilmensee und zimmerte eine kleine Stadt über dem Wólchow, und er nannte sie Nówgorod [= Neustadt] und ließ sich dort als Fürst nieder und vergab die Herrschaftsgebiete an seine Gefolgsmänner und ließ Städte zimmern und gab dem einen Pólozk, einem anderen Rostów, wieder einem anderen Beloósero; und in diesen Städten sind die Waräger hinzugekommen, die ersten Bewohner aber waren

in Nówgorod Slowenen, in Pólozk Kriwitschen, in Rostów Merier, in Beloósero Wessen, in Múrom Muromer, und über diese alle herrschte Rúrik.
Und es waren bei Rúrik zwei Gefolgsleute, nicht von seinem Stamm[6], sondern Bojaren, und die erbaten sich [von ihm], daß sie nach Zargrad gehen dürften[7] mit ihrer Sippe. Und sie fuhren den Dnepr hinab, und als sie vorüber fuhren, erblickten sie auf einem Berge eine kleine Stadt, und sie fragten und sagten: »Wem gehört diese kleine Stadt?« Die aber sagten: »Es waren einmal drei Brüder: Kij, Schtschek, Choríw; die haben diese kleine Stadt gebaut und sind untergegangen; und wir sitzen hier, von ihrer Sippe, und zahlen den Chasaren Tribut.« Askóld aber und Dir blieben in dieser Stadt und sammelten viele Waräger und begannen zu herrschen im Lande der Poljanen, während Rúrik Fürst war in Nówgorod.

4. Olég läßt Askóld und Dir töten und macht Kiew zur »Mutter der russischen Städte« (882)

Im Jahre 6387[1]. Als Rúrik starb, übergab er seine Fürstenherrschaft an Olég, der von seiner Sippe war, nachdem er ihm seinen Sohn Ígor auf die Hände gegeben hatte[2]; denn dieser war noch sehr klein.
Im Jahre 6390[3]. Olég brach auf und nahm mit sich viele Krieger: Waräger, Tschuden, Slowenen, Merier, Wessen und Kriwitschen. Und er kam nach Ssmolénsk mit den Kriwitschen, und er übernahm die [Herrschaftsgewalt in der] Stadt und setzte dort einen seiner Gefolgsmänner ein. Von dort zog er hinab[4] und nahm Ljúbetsch ein und setzte einen seiner Gefolgsmänner ein. Und sie [beide][5] kamen zu den Kiewer Bergen, und Olég erfuhr, daß Askóld und Dir hier als Fürsten herrschten, und er verbarg Krieger in Booten, die anderen aber ließ er zurück; er selbst aber kam und trug den kindlichen Ígor; und er kam in seinem Boot zu der Stelle unterhalb von Ugorskoje[6], nachdem er seine Krieger verborgen hatte. Und er sandte zu Askóld und Dir und ließ sagen: »Wir sind Kaufleute und fahren zu den Griechen [und kommen] von Olég und von dem Fürstensohn Ígor. Kommt zu uns, euren Sippengenossen!« Askóld aber und Dir kamen, und da sprangen alle übrigen aus den Booten,

und Olég sagte zu Askóld und zu Dir: »Ihr seid nicht Fürsten noch von fürstlicher Sippe⁷. Ich aber bin von fürstlicher Sippe.« Und sie trugen Ígor heraus. »Dieser aber ist der Sohn Rúriks!« Und sie erschlugen Askóld und Dir und trugen [ihn] auf den Berg und begruben ihn auf dem Berg, der jetzt »Ugorskoje« heißt, wo jetzt der Hof des Olma⁸ ist; auf dem Grabhügel hat er eine Kirche des heiligen Nikolaus errichtet; der Grabhügel des Dir aber ist hinter der Kirche der heiligen Irene. Und Olég ließ sich, als Fürst herrschend, in Kiew nieder. Und Olég sagte: »Dies sei die Mutter der russischen Städte!« Und bei ihm waren Waräger und Slowenen und die übrigen. Sie nannten sich »Russen«⁹.
[...]

5. Der Kiewer Fürst Olég belagert Konstantinopel und schließt dann Frieden mit den Griechen (907)

Im Jahre 6415¹. Olég zog gegen die Griechen. Den Ígor ließ er in Kiew. Er nahm aber mit sich eine Menge Waräger und Slowenen und Tschuden und Slowenen² und Kriwitschen und Merier und Derewljanen und Radimitschen und Poljanen und Ssewerjanen und Wjatitschen und Chorwaten und Duleben und Tiwerzer, welche Dolmetscher³ sind. Diese alle wurden von den Griechen »Groß-Skythien« genannt. Und mit diesen allen zog Olég auf Pferden und auf Schiffen, und die Zahl seiner Schiffe war 2000.
Und er kam nach Zargrad, und die Griechen sperrten den Sund⁴ und schlossen die Stadt. Und Olég ging heraus ans Ufer und begann, Krieg zu führen, und beging viel Mord rings um die Stadt an den Griechen, und sie zerstörten viele Paläste und verbrannten Kirchen; und von den Gefangenen, die sie fingen, hieben sie die einen nieder, andere folterten sie, andere erschossen sie, und andere warfen sie ins Meer, und viel anderes Böses taten die Russen den Griechen an, wie Krieger in Feindesland es tun.
Und Olég befahl seinen Kriegern, Räder herzustellen und die Schiffe auf Räder zu stellen. Und als günstiger Wind aufkam, ließ er Segel aufspannen und rückte von der Landseite her zur Stadt vor. Da das die Griechen sahen, wurden sie voller Furcht, sandten zu Olég und

ließen sagen: »Richte die Stadt nicht zugrunde! Wir geben dir Tribut, wie du willst.« Und Olég hielt die Krieger an.
Und man brachte ihm Speise und Wein heraus, und er nahm es nicht an; denn es war mit Gift angerichtet. Und die Griechen fürchteten sich und sagten: »Dies ist nicht Olég, sondern der heilige Demetrius[5], von Gott gegen uns gesandt.« Und Olég gebot, daß sie Tribut gäben für 2000 Schiffe, je 12 Griwnen[6] für den Mann, in jedem Schiff aber waren 40 Mann; und die Griechen willigten ein. Und die Griechen begannen, um Frieden zu bitten, daß er das griechische Land nicht bekriege. Olég aber zog sich ein wenig zurück von der Stadt und begann, Frieden zu machen mit den beiden griechischen Zaren, mit Leo und Alexander[7]. [...] Und die Zaren Leo und Alexander machten Frieden mit Olég und willigten ein in Tributzahlungen. Und sie beschworen [den Friedensvertrag] untereinander, indem sie [die Griechen] das Kreuz küßten, den Olég und seine Gefolgsmänner aber ließen sie schwören gemäß der russischen Religion: sie schworen bei ihren Waffen und bei Perún, ihrem Gott, und bei Wólos, dem Gott des Viehs, und sie bekräftigten den Frieden. [...] Und Olég hängte seinen Schild auf am Stadttor und erwies damit seinen Sieg und zog fort von Zargrad [...] und kam nach Kiew und brachte mit sich Gold und edle Tuche und Früchte und Wein und jegliche Kleinodien. Und sie nannten Olég »den Weisen«[8], denn die Menschen waren heidnisch und unwissend.

6. Russische Gesandte beim griechischen Kaiser (912)

Im Jahre 6420[1]. [...] Der Zar Leo ehrte die russischen Gesandten durch Geschenke, durch Gold und edle Tuche und Goldbrokat, und er gab ihnen einen seiner Männer bei, ihnen die Schönheit der Kirche zu zeigen und die goldene Schatzkammer und den Reichtum darinnen: viel Gold und edle Tuche und Edelgestein und die Leiden des Herrn: die [Dornen-]Krone und die Nägel und den Purpurmantel und die Reliquien der Heiligen, und er belehrte sie [, um sie] zu seinem Glauben [zu bekehren,] und wies ihnen den wahren Glauben, und so entließ er sie in ihr Land mit großer Ehre.

7. Olégs Tod durch sein Pferd (912)

Und Olég lebte, in Kiew als Fürst herrschend, in Frieden mit allen Ländern. Und der Herbst kam heran, und Olég gedachte seines Pferdes, über das er beschlossen hatte, daß es gefüttert werde und daß er es nicht mehr besteige. Er hatte nämlich Wahrsager und Zauberer befragt: »Von was ist mir bestimmt zu sterben?« Und es sprach zu ihm einer der Zauberer: »Fürst! Das Pferd, das du liebst und reitest auf ihm: von dem ist dir zu sterben bestimmt.« Olég nahm es sich zu Herzen und sprach: »Nimmermehr setze ich mich darauf, noch will ich es sehen künftighin.« Und er befahl, es zu füttern und es nicht mehr zu ihm zu führen. Und er verblieb einige Jahre. Er sah es nicht, bis er gegen die Griechen zog[1]. Und da er wieder nach Kiew gekommen und vier Jahre verblieben war, gedachte er im fünften Jahr des Pferdes, über das die Wahrsager gesagt hatten, daß er von ihm sterben werde. Und er rief den Ältesten der Pferdeknechte und sprach: »Wo ist mein Pferd, von dem ich verfügt habe, daß man es füttern und warten solle?« Der aber sagte: »Es ist gestorben.« Olég aber lachte und schmähte den Zauberer, indem er sprach: »Da sieht mans: Nicht Wahres reden die Wahrsager, sondern lauter Lug. Denn das Pferd ist gestorben, aber ich bin am Leben.« Und er befahl, ein Pferd zu satteln: »So will ich doch seine Knochen sehen.« Und er kam an die Stätte, wo seine Knochen lagen, nackt, und der Schädel nackt, und er saß ab vom Pferd und lachte und sprach: »Von dem Schädel da sollte ich den Tod empfangen!« Und er trat mit dem Fuß auf den Schädel, und eine Schlange schoß hervor aus dem Schädel und biß ihn in den Fuß, und davon wurde er krank und starb. Und alles Volk weinte mit großer Wehklage, und man trug ihn und begrub ihn auf dem Berg, der da heißt Schtschekowíza[2]. Und sein Grabhügel ist da bis zum heutigen Tage. Er heißt Grabhügel des Olég. Und aller Jahre seiner Fürstenherrschaft waren 33.

8. Der Tod Ígors und Ólgas Rache (945)

Im Jahre 6453[1]. In diesem Jahr sagte die Gefolgschaft zu Ígor: »Die Jungmannen des Sswenéld sind reichlich versehen mit Waffen und Kleidung; wir aber sind bloß. Ziehe mit uns auf Tribut, so wirst du Gewinn haben und wir.« Und Ígor hörte auf sie und zog zu den Derewljanen auf Tribut. Und er ersann neuen Tribut, zu dem ersten hinzu, und tat ihnen Gewalt, er und seine Gefolgsmänner. Und nachdem er Tribut erhoben hatte, machte er sich auf, wieder in seine Stadt. Und als er zurückging, besann er sich anders und sagte zu seiner Gefolgschaft: »Geht mit dem Tribut nach Hause; ich aber kehre um und gehe noch einmal [auf Tribut].« Und er entließ seine Gefolgschaft nach Hause und kehrte mit einer kleinen Gefolgschaft wieder um, da er noch mehr Hab und Gut begehrte. Als die Derewljanen hörten, daß er zurückkomme, hielten sie Rat mit ihrem Fürsten Mal[2] [und sagten]: »Wenn der Wolf sich an die Schafe gewöhnt, so trägt er die ganze Herde fort, wenn man ihn nicht erschlägt. So auch dieser: Wenn wir ihn nicht erschlagen, so wird er uns alle verderben.« Und sie sandten zu ihm und sprachen: »Warum kommst du zurück? Du hast allen Tribut empfangen.« Und Ígor hörte nicht auf sie. Und die Derewljanen kamen heraus aus der Stadt Iskórosten[3] und erschlugen Ígor und seine Gefolgschaft; denn ihrer waren wenig. Und Ígor wurde begraben, und sein Grabhügel ist bei der Stadt Iskórosten im Lande der Derewljanen bis zum heutigen Tage.

Ólga aber war in Kiew mit ihrem Sohn, dem kindlichen Sswjatossláw, und sein Pfleger war Assmud, und Wojewode war Sswenéld, der Vater des Mstischa[4]. Es sagten aber die Derewljanen: »Siehe, den russischen Fürsten haben wir erschlagen. Jetzt nehmen wir sein Weib Ólga für unseren Fürsten Mal, und [mit ihr] den Sswjatossláw. Wir werden ihm antun, wie wir wollen.« Und die Derewljanen sandten vornehme Männer, 20 an Zahl, in einem Boot[5] zu Ólga. Und sie legten unterhalb der Boritschew-Auffahrt[6] mit ihrem Boot an; denn damals floß das Wasser längs des Kiewer Berges, und in Podólje siedelten keine Menschen, sondern die Stadt Kiew war auf dem Berge. [...] Und man berichtete der Ólga: »Derewljanen sind gekommen.« Und Ólga lud sie zu sich und sagte zu ihnen: »Gute

8. Der Tod Ígors und Ólgas Rache

Gäste sind gekommen.« Und die Derewljanen sagten: »Ja, Fürstin, wir sind gekommen.« Und Ólga sagte zu ihnen: »Sprecht: Weswegen seid ihr hierher gekommen?« Die Derewljanen sagten: »Das Derewljanenland hat uns gesandt und läßt sagen: ›Siehe, deinen Mann haben wir erschlagen; denn dein Mann war wie ein Wolf: raubend und plündernd; unsere Fürsten aber sind gut, die das Derewljanenland geweidet haben. Und nun heirate unseren Fürsten, den Mal!‹« Denn so hieß er, der Fürst der Derewljanen: Mal[7]. Ólga aber sagte zu ihnen: »Lieb ist mir eure Rede. Meinen Mann kann ich ja nicht mehr auferwecken[8]. Aber ich will euch morgen Ehre erweisen vor meinen Leuten. Nun aber geht in euer Boot und legt euch hochgemut nieder in dem Boote. Morgen werde ich nach euch senden; ihr aber sagt dann: ›Wir reiten nicht auf Pferden, noch gehen wir zu Fuß; sondern tragt uns im Boot!‹ Und sie werden euch im Boot hinauftragen.« Und sie entließ sie in ihr Boot. Ólga aber befahl, auf dem Hof des Palastes außerhalb der Stadt eine große und tiefe Grube zu graben. Und am anderen Morgen saß Ólga im Palast und sandte nach den Gästen, und die Boten kamen zu ihnen und sprachen: »Ólga lädt euch zu großer Ehre.« Sie aber sagten: »Wir reiten nicht auf Pferden, noch fahren wir auf Wagen, noch gehen wir zu Fuß; tragt uns vielmehr im Boot!«[9] Die Kiewer aber sagten: »Uns bleibt nichts übrig. Unser Fürst ist erschlagen, und unsere Fürstin will euren Fürsten heiraten.« Und sie trugen sie im Boot; sie aber saßen, stolz sich brüstend in ihren großen Brustspangen. Und man trug sie auf den Hof zu Ólga; und als man sie dorthin gebracht hatte, warf man sie in die Grube, mit dem Boot. Und Ólga beugte sich hinab und sagte zu ihnen: »Ist sie gut, die Ehre, die ich euch erweise?« Die aber sagten: »Sie ist uns schlimmer als der Tod Ígors!«[10] Und sie befahl, sie lebendig zuzuschütten, und man schüttete sie zu.
Und Ólga sandte hin zu den Derewljanen und ließ ihnen sagen: »Wenn ihr in Wahrheit um mich freit, dann sendet edle Männer, damit ich mit großem Ehrengeleit komme, euren Fürsten zu heiraten; sonst lassen mich die Leute von Kiew nicht ziehen.« Als die Derewljanen dies hörten, versammelten sie vornehme Männer, die das Derewljanen-Land innehatten, und sandten sie, sie zu holen. Als die Derewljanen aber angekommen waren, befahl Ólga ihnen,

eine Waschung zu vollziehen, indem sie so sagen ließ: »Wenn ihr euch gewaschen habt, kommt zu mir!« Und man überheizte das Badehaus, und die Derewljanen gingen hinein und begannen, sich zu waschen; und man verschloß hinter ihnen das Badehaus, und sie befahl, sie von der Tür her anzuzünden, und da verbrannten sie alle.

Und sie sandte zu den Derewljanen und ließ folgendes sagen: »Siehe, jetzt komme ich zu euch. Bereitet viel Honig in der Stadt, wo ihr meinen Mann erschlagen habt, daß ich Totenklage halte über seinem Grab und meinem Mann eine Totenfeier veranstalte.« Jene aber, da sie das hörten, fuhren sehr viel Honig zusammen und kochten ihn. Ólga aber nahm eine kleine Gefolgschaft und zog im Eilmarsch und kam zu seinem Grab und hielt Totenklage über ihren Mann und befahl ihren Leuten, einen großen Grabhügel aufzuschütten; und als sie ihn aufgeschüttet hatten, befahl sie, eine Totenfeier zu veranstalten. Danach setzten sich die Derewljanen nieder, zu trinken; und Ólga befahl ihren Jungmannen, vor ihnen zu dienen. Und die Derewljanen sagten zu Ólga: »Wo ist unsere Gefolgschaft, die wir gesandt haben, dich zu holen?« Sie aber sagte: »Sie kommen mir nach mit der Gefolgschaft meines Mannes.« Und als die Derewljanen sich betrunken hatten, befahl sie ihren Jungmannen, gegen sie zu gehen; sie selbst aber ging beiseite und befahl ihren Jungmannen, die Derewljanen niederzuhauen. Und sie schlugen ihrer 5000 nieder. Ólga aber kehrte zurück nach Kiew und stellte Krieger auf gegen die, die übriggeblieben waren von ihnen. [...]

Im Jahre 6454[11] sammelte Ólga mit ihrem Sohn Sswjatossláw viele und tapfere Krieger und zog gegen das Land der Derewljanen, und die Derewljanen zogen hinaus, ihr entgegen. Und als beide Heerhaufen zusammenkamen, warf Sswjatossláw den Speer gegen die Derewljanen, und der Speer flog zwischen den Ohren des Pferdes hindurch und schlug an die Beine des Pferdes, denn er war noch ein Kind[12].

Und es sprachen Sswenéld und Assmud: »Der Fürst hat schon begonnen! Auf, Gefolgschaft! Und tapfer dem Fürsten nach!« Und sie besiegten die Derewljanen. Die Derewljanen aber flohen und schlossen sich in ihren Städten ein. Ólga aber zog mit ihrem Sohn

8. Der Tod Ígors und Ólgas Rache

eilends gegen die Stadt Iskórosten; denn diese hatten ihren Mann erschlagen; und sie belagerte die Stadt mit ihrem Sohn. Die Derewljanen aber schlossen sich in der Stadt ein, und sie kämpften kräftig aus der Stadt, denn sie wußten, daß *sie* den Fürsten erschlagen hatten und was ihnen geschehen würde, wenn sie sich ergäben. Und Ólga stand einen Sommer lang und konnte die Stadt nicht einnehmen. Und sie ersann dieses: Sie sandte zu der Stadt und ließ sagen: »Wozu wollt ihr bis zum Ende der Belagerung warten? Alle eure Städte haben sich mir doch ergeben und in Tributzahlung eingewilligt, und sie bearbeiten ihre Ackerfluren und ihr Land. Ihr aber wollt vor Hunger sterben, nur weil ihr nicht in Tributzahlung einwilligt.« Die Derewljanen aber sagten: »Gern würden wir in Tributzahlung einwilligen; aber du willst ja deinen Mann rächen.« Ólga aber sagte zu ihnen: »Ich habe die Kränkung, die meinem Mann widerfahren ist, schon gerächt, als sie [eure Gesandten] nach Kiew kamen, [das erste] und das zweite Mal, und das dritte Mal, als ich die Totenfeier für meinen Mann hielt. Nun will ich mich nicht mehr rächen, sondern ich will einen geringen Tribut von euch haben und Frieden mit euch schließen, und dann kehre ich heim.« Die Derewljanen aber sagten: »Was willst du von uns? Gern geben wir dir [Tribut] in Honig und Fellen.« Sie aber sagte zu ihnen: »Ihr habt jetzt weder Honig noch Felle. Aber ein Geringes erbitte ich von euch: Gebt mir von jedem Hof je drei Tauben und je drei Sperlinge. Ich will euch nämlich keinen schweren Tribut auferlegen, wie mein Mann [es getan hat], sondern dies Geringe erbitte ich von euch; denn ihr seid von Kräften gekommen in der Belagerung. Und dieses Geringe erbitte ich von euch.« Die Derewljanen aber wurden froh und sammelten von jedem Hof je drei Tauben und je drei Sperlinge und sandten sie mit Ehrerbietung zu Ólga. Ólga aber sagte zu ihnen: »Siehe, jetzt habt ihr euch mir und meinem Kind unterworfen. Nun geht in eure Stadt; ich aber werde morgen von eurer Stadt abziehen und in meine Stadt gehen.« Die Derewljanen aber wurden froh und gingen in die Stadt und verkündeten es den Leuten, und die Leute in der Stadt freuten sich darüber. Ólga aber verteilte den Kriegern, einem jeden je eine Taube und anderen je einen Sperling. Und sie befahl, einer jeden Taube und jedem Sperling Schwefel anzubinden, der in kleine Tücher gewickelt und mit einem Faden festgebunden war, einem jeden von ihnen. Und als es dunkel wurde, befahl Ólga ihren Kriegern, die Tauben und die Sperlinge loszulassen. Die Tauben aber und die Sperlinge flogen in ihre Nester, jene in die Taubenschläge, die Sperlinge aber unter die Dachgesimse, und so brannten hier die Taubenschläge an, dort die Vorratskammern, dort die Schutzdächer, dort die Scheunen. Und es gab keinen Hof, wo es nicht gebrannt hätte; und es war nicht möglich zu löschen, denn alle Höfe brannten an, und die Leute liefen aus der Stadt. Und Ólga befahl ihren Kriegern, sie zu fangen. Und als sie die Stadt eingenommen hatte, brannte sie sie nieder. Die Ältesten der Stadt nahm sie gefangen, und von den übrigen ließ sie die einen niederhauen, andere übergab sie ihren Mannen in Sklaverei, den Rest von ihnen aber ließ sie übrig, Tribut zu zahlen, und sie erlegte ihnen schweren Tribut auf. [...]

9. Ólgas Taufe (955)

Im Jahre 6463[1]. Ólga zog nach Griechenland und kam nach Zargrad. Damals war Konstantin, der Sohn des Leo, Zar; und Ólga kam zu ihm, und da der Zar sah, daß sie sehr schön war von Angesicht und klug, wunderte er sich ihres Verstandes und sprach zu ihr und sagte: »Du bist geeignet, in der Stadt[2] mit uns zu herrschen.« Sie aber verstand [seine Absicht] und sagte zum Zaren: »Ich bin Heidin, aber wenn du mich taufen willst, so taufe mich selbst; sonst lasse ich mich nicht taufen.« Und der Zar taufte sie[3] mit dem Patriarchen. Da sie aber erleuchtet[4] war, freute sie sich an Seele und Leib; und der Patriarch belehrte sie über den Glauben und sagte zu Ihr: »Du bist gesegnet unter den russischen Weibern, denn du hast das Licht lieb gewonnen und die Finsternis verlassen. Segnen werden dich die Russensöhne bis in das letzte Geschlecht deiner Enkel.« Und er gebot ihr und belehrte sie über die Ordnung der Kirche, über das Gebet und das Fasten und über das Almosen und über die Enthaltsamkeit, daß der Körper rein sei. Sie aber neigte ihr Haupt und stand und nahm die Lehre auf wie ein Schwamm, der getränkt wird. Und nachdem sie sich vor dem Patriarchen verneigt hatte, sprach sie: »Durch deine Gebete, o Gebieter, möge ich bewahrt

9. Ólgas Taufe 21

werden vor dem Netz des Feindes.« Es wurde aber ihr Name in der Taufe genannt: Oléna[5], wie auch die alte Zarin, die Mutter des Großen Konstantin. Und der Patriarch segnete sie und entließ sie. Und nach der Taufe rief der Zar sie und sagte zu ihr: »Ich will dich mir zum Weibe nehmen.« Sie aber sagte: »Wie willst du mich [zum Weibe] nehmen, nachdem du mich selbst getauft und mich Tochter genannt hast? Unter Christen gibt es doch ein solches Gesetz nicht, und du selbst weißt [das].« Und der Zar sagte: »Du hast mich überlistet, Ólga!« Und er gab ihr viele Gaben, Gold und Silber und edle Tuche und verschiedenartige Gefäße und entließ sie, nachdem er sie seine Tochter[6] genannt hatte.
Sie aber, als sie nach Hause wollte, kam zum Patriarchen, den Segen erbittend für [die Reise] nach Hause und sagte zu ihm: »Mein Volk und mein Sohn sind Heiden. Möge Gott mich behüten vor allem Bösen.« Und der Patriarch sagte: »Getreues Kind! Du bist auf Christus getauft und hast Christus angezogen[7]; Christus wird dich bewahren, wie er den Henoch bewahrt hat in den ersten Geschlechtern und Noach in der Arche, Abraham vor Abimelech, Lot vor den Sodomitern, Moses vor dem Pharao, David vor Saul, die drei Jünglinge vor dem Feuerofen, Daniel vor den wilden Tieren, so wird er auch dich erlösen von dem Bösen und von seinen Netzen.« Und der Patriarch segnete sie, und sie zog hin mit Frieden in ihr Land, und sie kam nach Kiew.
Dies war so, wie unter Salomo die äthiopische Zarin zu Salomo gekommen ist, da sie hören wollte von der Weisheit Salomos, und sie sah viele Weisheit und Zeichen[8]; so suchte auch diese selige Ólga die gute Weisheit Gottes; aber jene [suchte] menschliche [Weisheit], diese aber göttliche. »Denn welche die Weisheit suchen, finden sie.«[9] »Die Weisheit wird gesungen an den Ausgängen; auf den Wegen zeigt sie freien Mut der Rede; oben auf den Wehrmauern predigt sie; an den Stadttoren redet sie mit Kühnheit: ›Soviele Jahre sich die, die ohne Bosheit sind, an die Gerechtigkeit halten . . .‹«
Diese selige Ólga nämlich suchte, seit sie erwachsen war, mit Weisheit, was besser ist als alles in dieser Welt. Sie fand die kostbare Perle[10], welche ist Christus. Denn Salomo hat gesagt: »Der Wunsch der Frommen wird die Seele erquicken« und »Du wirst dein Herz neigen zum Verstehen«, denn »ich liebe, die mich lieben, und die

mich suchen, werden mich finden«. Denn der Herr hat gesagt: »Wer zu mir kommt, den werde ich nicht hinausstoßen.«[11]
Diese Ólga aber kam nach Kiew, wie wir gesagt haben. Es sandte zu ihr der griechische Zar und ließ sagen: »Viel habe ich dir geschenkt. Du aber hast zu mir gesagt: ›Wenn ich zurückkehre nach Rußland, werde ich dir viele Geschenke senden: Sklaven und Wachs und Pelzwerk und viele Krieger zur Hilfe.‹« Ólga aber antwortete und sagte zu den Gesandten: »Saget [so zu dem Zaren]: ›Wenn du so bei mir auf der Potschájna[12] stehen wirst, wie ich im Sund gestanden habe, dann werde ich es dir geben.‹«
Ólga lebte aber mit ihrem Sohn Sswjatossláw, und die Mutter belehrte ihn, er solle sich taufen lassen, und er mißachtete das, und nahm es nicht in seine Ohren auf; wenn aber einer sich taufen lassen wollte, so hinderte man ihn nicht, aber man schmähte ihn. Denn den Ungläubigen ist der christliche Glaube Torheit[13]. »Sie haben es nicht erkannt, noch haben sie es verstanden, die da wandeln in der Finsternis«, und sie kennen nicht die Herrlichkeit des Herrn, »denn ihre Herzen sind verstockt; ihre Ohren sind hart, zu hören, und ihre Augen, zu sehen«. Denn Salomo hat gesagt: »Die Werke der Unfrommen sind weitab vom Verstand«; »denn ich habe euch gerufen, und ihr habt nicht auf mich gehört; ich habe meine Worte zu euch kommen lassen, und ihr habt nicht aufgemerkt, sondern habt meine Ratschläge verworfen und auf meine Strafreden habt ihr nicht gemerkt.« »Denn die Weisheit haben sie gehaßt und die Furcht des Herrn haben sie nicht erwählt; denn sie wollten nicht merken auf meine Ratschläge, und meine Strafreden haben sie verspottet.« Denn so sagte Ólga oft: »Ich, mein Sohn, habe Gott erkannt und freue mich; wenn du ihn erkennen wirst, so wirst auch du dich freuen.« Er aber hörte nicht darauf, sondern sprach: »Wie soll ich allein ein anderes Gesetz[14] annehmen? Und die Gefolgschaft wird darüber lachen.« Sie aber sagte zu ihm: »Wenn du dich taufen lässest, so werden alle das gleiche tun!« Er aber hörte nicht auf die Mutter, vollzog die heidnischen Gebräuche, da er nicht wußte, daß, wer nicht auf seine Mutter hört, in Unglück kommt, wie es heißt: »Wer nicht auf Vater oder Mutter hört, der soll des Todes sterben.«[15] Denn Salomo hat gesagt[16]: »Wer die Bösen zurechtweist, der wird sich Ungemach zuziehen; wer den Unfrommen durch sein Reden straft,

der wird sich Tadel zuziehen.« Denn strafende Reden sind den Unfrommen wie Striemen. »Strafe die Bösen nicht durch deine Rede, auf daß sie dich nicht hassen.« Aber Ólga liebte ihren Sohn Sswjatosslàw noch viel mehr, indem sie sagte: »Der Wille Gottes geschehe! Wenn Gott sich meines Hauses und des russischen Landes erbarmen will, so möge er es ihnen ins Herz legen, sich zu Gott zu bekehren, wie Gott es auch mir geschenkt hat.« Und nachdem sie so gesprochen hatte, betete sie für ihren Sohn und für ihr Volk alle Nächte und Tage, indem sie ihren Sohn aufzog, bis er Mann wurde und erwachsen war.

10. Die ersten Feldzüge Sswjatossláws (964–967)

Im Jahre 6472[1]. Als der Fürst Sswjatossláw herangewachsen und zum Manne gereift war, begann er, Krieger zu sammeln, viele und tapfere, denn er war auch selbst tapfer; und indem er leicht dahinzog[2], wie ein Panther, führte er viele Kriege. Denn wenn er dahinzog, ließ er keine Wagen hinter sich her fahren noch einen Kessel, noch ließ er Fleisch kochen, sondern sie schnitten ein dünnes Stück Fleisch vom Pferd oder vom Wild oder vom Rind heraus, brieten es auf Kohlen und aßen es; auch hatte er kein Zelt, sondern breitete die Satteldecke aus und legte den Kopf auf den Sattel, und so waren auch alle seine übrigen Krieger. Und er sandte hin zu den anderen Ländern und ließ sagen: »Ich werde gegen euch ziehen!« Und er zog zum Fluß Oká und zur Wólga und fand die Wjatitschen und sagte zu den Wjatitschen: »Wem zahlt ihr Tribut?« Die aber sagten: »Den Chasaren[3] zahlen wir je einen Schilling vom Pflug.«

Im Jahre 6473[4]. Sswjatossláw zog gegen die Chasaren. Als aber die Chasaren das hörten, zogen sie aus, ihm entgegen, mit ihrem Fürsten, dem Kagan[5]. Und sie trafen zusammen, gegeneinander zu kämpfen. Und als es zur Schlacht kam, gewann Sswjatossláw die Oberhand über die Chasaren, und er nahm ihre Stadt Béla Wésha[6] und besiegte die Jassen und Kassogen.

Im Jahre 6474[7]. Sswjatossláw besiegte die Wjatitschen und erlegte ihnen Tribut auf.

Im Jahre 6475[8]. Sswjatossláw zog an die Donau, gegen die Bulgaren. Und als sie beide miteinander kämpften, gewann Sswjatossláw die Oberhand über die Bulgaren und nahm 80 Städte die Donau entlang und ließ sich in Perejasslawez[9] als Fürst nieder und nahm Tribut von den Griechen. [...]

11. Ólgas Tod (969)

Im Jahre 6477[1]. Sswjatossláw sagte zu seiner Mutter und zu seinen Bojaren: »Es ist mir nicht lieb, in Kiew zu sein; ich will in Perejasslawez an der Donau leben; denn das ist die Mitte meines Landes; denn dort kommen alle Güter zusammen: von den Griechen Gold und edle Tuche, Wein und verschiedenartige Früchte, aus Böhmen aber und Ungarn Silber und Rosse, aus Rußland aber Pelzwerk und Wachs, Honig und Sklaven.« Ólga sagte zu ihm: »Du siehst, daß ich krank bin. Wohin willst du gehen, von mir fort?« Denn sie war schon erkrankt. Sie sagte aber zu ihm: »Wenn du mich begraben hast, gehe, wohin du willst.« Nach drei Tagen starb Ólga, und es weinten um sie ihr Sohn und ihre Enkel und alles Volk mit großer Klage[2]. Und man trug sie hinaus und begrub sie an der Stelle[3]. Denn Ólga hatte geboten, keine Totenfeier[4] über ihr zu halten. Denn sie hatte einen Priester, dieser begrub die selige Ólga. Diese war die Vorläuferin des christlichen Landes, wie der Morgenstern vor der Sonne und wie die Morgenröte vor dem Licht; denn diese strahlte wie der Mond in der Nacht: so leuchtete sie unter den ungläubigen Menschen wie eine Perle im Schmutz; denn schmutzig waren sie durch die Sünde, nicht gewaschen durch die heilige Taufe; diese nämlich wusch sich durch das heilige Bad und zog aus das Gewand der Sünde, den alten Menschen Adam, und zog an den neuen Adam, welcher ist Christus[5].
Wir aber sprechen zu ihr: Freue dich[6], die du als erste in Rußland Gott erkannt hast! Sie war der Anfang der Versöhnung. Sie ist als erste von den Russen eingegangen in das Himmelreich. Denn *sie* rühmen die Russensöhne als die Anfängerin. Denn nach ihrem Tod betete sie zu Gott für Rußland. Denn die Seelen der Gerechten sterben nicht[7], wie Salomo gesagt hat: »Wenn der Gerechte

gepriesen wird, freut sich das Volk«[8]; denn unsterblich ist sein Gedächtnis, denn sowohl von Gott wird er erkannt wie auch von den Menschen. Denn siehe, alle Menschen rühmen sie, welche sie haben liegen sehen unverwest viele Jahre. Denn der Prophet hat gesagt[9]: »Ich verherrliche, die mich verherrlichen.« Von solchen nämlich sagte David[10]: »In ewigem Andenken wird der Gerechte sein. Vor bösem Gerücht wird er sich nicht fürchten. Bereit ist sein Herz, auf den Herrn zu hoffen. Fest geworden ist sein Herz, und es wird nicht wanken.« Denn Salomo hat gesagt[11]: »Die Gerechten werden ewiglich leben, und vom Herrn kommt ihnen Lohn, und der Höchste sorgt für sie. Darum werden sie empfangen das Reich der Schönheit und den Kranz des Guten von der Hand des Herrn. Denn mit seiner Rechten wird er sie beschirmen und mit seinem Arm sie verteidigen.« Denn verteidigt hat er diese selige Ólga vor dem Gegner und Widersacher, dem Teufel.

12. Sswjatossláw und die Griechen (971); Sswjatossláws Tod (972)

Im Jahre 6479[1]. Sswjatossláw kam nach Perejasslawez, und die Bulgaren schlossen sich in der Stadt ein. Und die Bulgaren kamen heraus zur Schlacht gegen Sswjatossláw, und es wurde eine große Schlacht, und die Bulgaren begannen, die Oberhand zu gewinnen, und Sswjatossláw sagte zu seinen Kriegern: »Jetzt müssen wir hier fallen! Laßt uns mannhaft bestehen, Brüder und Gefolgschaft!« Und gegen Abend gewann Sswjatossláw die Oberhand und nahm die Stadt im Sturm.
Und er sandte zu den Griechen und ließ sagen: »Ich werde gegen euch ziehen und eure Stadt[2] nehmen, wie [ich] diese [genommen habe].« Und die Griechen sagten: »Wir sind nicht imstande, euch Widerstand zu leisten. So nimm Tribut von uns für dich und für deine Gefolgschaft. Und kündet uns, wieviel ihr seid, damit wir gemäß der Zahl je Haupt [Tribut] geben.« Dies sagten die Griechen aber Trug sinnend gegen die Russen; denn die Griechen sind trügerisch bis zum heutigen Tage. Und Sswjatossláw sagte ihnen: »Wir sind 20 000.« Und Sswjatossláw fügte dabei 10 000 hinzu, denn es waren nur 10 000 Russen. Und die Griechen stellten 100 000

auf gegen Sswjatossláw und gaben keinen Tribut, und Sswjatossláw zog gegen die Griechen, und sie zogen hinaus gegen die Russen. Als aber die Russen sie sahen, fürchteten sie sehr die Menge der Krieger. Und Sswjatossláw sagte: »Jetzt können wir nirgends mehr hin. Ob wir wollen oder nicht – wir müssen gegen sie stehen. Lasset uns Rußland keine Schande machen! Sondern hier wollen wir fallen auf dem Schlachtfeld. Denn wenn wir sterben, haben wir keine Schande; wenn wir aber fliehen, so haben wir Schande. Aber wir werden nicht fliehen, sondern werden kräftig standhalten. Ich aber werde euch vorangehen. Wenn mein Haupt fällt, dann sorgt ihr für euch!« Und die Krieger sagten: »Wo dein Haupt ist, da wollen auch wir unser Haupt hinlegen.« Und die Russen stellten sich in Schlachtordnung auf, und es wurde eine große Schlacht. Und Sswjatossláw gewann die Oberhand, und die Griechen flohen. Und Sswjatossláw zog zur Stadt[2] und verwüstete unterwegs das Land und zerstörte die Städte, die dort wüst stehen bis zum heutigen Tage. Und der Zar[3] rief seine Bojaren zusammen in den Palast und sagte zu ihnen: »Was wollen wir tun? Denn wir können ihm nicht standhalten.« Und die Bojaren sagten zu ihm: »Sende ihm Gaben! Wir wollen ihn versuchen, ob er ein Liebhaber von Gold oder edlen Tuchen ist.« Und sie sandten ihm Gold und edle Tuche und einen weisen Mann und sagten zu diesem: »Gib acht auf seinen Blick und sein Gesicht und seinen Sinn!« Er aber nahm die Gaben, und er kam zu Sswjatossláw. Und man verkündete dem Sswjatossláw: »Griechen sind gekommen, dir Ehre zu erweisen.« Und er sagte: »Führt sie herein, hierher!« Und sie kamen und verneigten sich vor ihm und legten Gold und edle Tücher vor ihm nieder. Und Sswjatossláw sah zur Seite und sagte zu seinen Jungmannen: »Hebt das auf!« Sie [die Gesandten] aber kamen zum Zaren, und der Zar rief die Bojaren zusammen. Die Gesandten aber sagten: »Wir kamen zu ihm und übergaben ihm die Gaben, und er schaute sie nicht an und befahl, sie aufzuheben.« Und einer sagte: »Wir wollen ihn noch einmal versuchen. Sende ihm Waffen!« Sie aber hörten auf ihn und sandten ihm ein Schwert und andere Waffen, und sie brachten es zu ihm. Er aber nahm es in Empfang und fing an, lobte und liebte es und ließ den Zaren grüßen[4]. Und sie kamen zurück zum Zaren und verkündeten ihm alles, was geschehen war. Und die Bojaren sagten: »Schlimm wird dieser Mann

12. Sswjatossláw und die Griechen 27

[für uns] sein; denn wertvolle Habe mißachtet er, Waffen aber nimmt er an. Willige ein in Tributzahlungen!« Und der Zar sandte hin und ließ folgendes sagen: »Ziehe nicht zur Stadt! Empfange Tributzahlungen, so hoch du willst.« Denn er war schon nahe an Zargrad herangekommen. Und sie gaben ihm Tribut, und er nahm ihn auch für die Getöteten, indem er sagte: »Seine Sippe wird ihn bekommen.« Er empfing aber auch viele Geschenke und kehrte zurück nach Perejasslawez mit großem Lobpreis[5].
Da er aber sah, wie klein seine Gefolgschaft war, sprach er bei sich: »Wenn sie mich nun überlisten und erschlagen meine Gefolgschaft und mich?« Denn viele waren umgekommen im Feldzug. Und er sagte: »Ich werde nach Rußland ziehen und mehr an Gefolgschaft herführen.« Und er sandte Gesandte zum Zaren nach Derewestr[6] (denn dort war der Zar) und ließ sagen: »Ich will beständigen Frieden und Einvernehmen mit dir haben.« Als der Zar dies hörte, wurde er froh und sandte ihm Geschenke, mehr als die ersten. Sswjatossláw aber empfing die Geschenke und begann zu beraten mit seiner Gefolgschaft, indem er so sagte: »Wenn wir nicht Frieden schließen mit dem Zaren, und der Zar erfährt, wie wenige wir sind, so werden sie kommen und uns in der Stadt belagern, Rußland aber ist fern, und die Petschenegen[7] sind uns feind, und wer wird uns helfen? Laßt uns aber Frieden schließen mit dem Zaren! Denn er hat sich uns gegenüber zur Tributzahlung verpflichtet, und das sei uns genug! Wenn er aber anfängt, den Tribut nicht zu entrichten, so werden wir von neuem Truppen aus Rußland sammeln, mehr, und nach Zargrad ziehen.« Und diese Rede gefiel der Gefolgschaft, und sie sandten vornehme Männer zum Zaren. Und sie kamen nach Derewestr, und man berichtete es dem Zaren. Der Zar aber berief sie am nächsten Tage. Und der Zar sagte: »Die russischen Gesandten sollen sprechen.« Die aber sagten: »So spricht unser Fürst: ›Ich will vollkommenes Einvernehmen haben mit dem griechischen Zaren alle künftigen Jahre.‹« Der Zar aber wurde froh und befahl dem Schreiber, alle Worte des Sswjatossláw auf ein Pergament zu schreiben. Und der Gesandte begann, alles zu sagen, was ihm zu reden aufgetragen war, und der Schreiber begann folgendermaßen zu schreiben:
»Abschrift der Zweitausfertigung des Vertrages, der geschlossen ist

unter Sswjatossláw, dem russischen Großfürsten, und unter Sswenéld[8], geschrieben unter Synkellos Theophilos an Johannes, genannt Tzimiskes, den griechischen Zaren, in Dorostól, im Monat Juli, im 14. Jahr der Indiktion, im Jahre 6479.
Ich, Sswjatossláw, russischer Fürst, wie ich geschworen, so bekräftige ich meinen Eidschwur auf diesem Vertrag[9]. Ich und mit mir alle Russen, die mir unterstehen – Bojaren und die übrigen –, will immerdar Frieden und vollkommenes Einvernehmen halten mit euch, Johannes, dem großen griechischen Zaren, und mit Basilius und Konstantin[10], den von Gott erleuchteten Zaren, und mit allen euren Leuten, also, daß ich niemals etwas Böses sinne gegen euer Land noch Truppen sammle noch ein anderes Volk gegen euer Land führe und [gegen die Gebiete,] die unter griechischer Herrschaft stehen, auch nicht gegen das Herrschaftsgebiet von Kórssun[11] und die Städte, die dazu gehören, und auch nicht gegen das bulgarische Land. Und wenn ein anderer Böses sinnt gegen euer Land, so werde ich ihm feind sein und mit ihm kämpfen. Wie ich gegenüber den griechischen Zaren geschworen habe und die Bojaren, die bei mir sind, und alle Russen, so wollen wir den Vertrag recht halten. Wenn wir aber [etwas] von dem hier zuvor Gesagten nicht halten – ich und die mit mir und die unter mir sind –, so wollen wir verflucht sein von dem Gott, an den wir glauben (an Perún[12] und an Wólos, den Gott des Viehs), und wir wollen gelb werden wie Gold und wollen niedergehauen werden von unserer eigenen Waffe. Dessen sollt ihr gewiß sein, wie ich es jetzt euch gegenüber vollzogen habe[13] und wie wir auf diesem Pergament aufgeschrieben und mit unseren Siegeln gesiegelt haben.«
Nachdem Sswjatossláw Frieden geschlossen hatte mit den Griechen, fuhr er in Booten zu den Schwellen[14]. Und Sswenéld, der Wojewode[15] seines Vaters, sagte: »Fürst, umgehe [die Schwellen] auf Pferden; denn die Petschenegen stehen an den Schwellen.« Und er hörte nicht auf ihn und fuhr in Booten. Und die Leute von Perejasslawez sandten zu den Petschenegen und sagten: »Gebt acht! Sswjatossláw kommt nach Rußland, und er hat von den Griechen viel wertvolle Habe empfangen und zahllose Beute, [und er kommt] mit kleiner Gefolgschaft. Als dies die Petschenegen hörten, sperrten sie die Schwellen. Und Sswjatossláw kam zu den Schwellen, und es

13. Wladímirs Kampf gegen seinen Bruder Jaropólk 29

war nicht möglich, die Schwellen zu überwinden. Und er machte halt, um in Belobereshje¹⁶ zu überwintern, und sie hatten nichts mehr zu essen, und es war großer Hunger, so daß der Kopf eines Pferdes eine halbe Griwna¹⁷ kostete. Und Sswjatossláw überwinterte hier.
Als aber der Frühling gekomen war, im Jahre 6480, zog Sswjatossláw zu den Schwellen, und Kurja, ein Fürst der Petschenegen, überfiel ihn, und sie erschlugen den Sswjatossláw, und sie nahmen seinen Kopf, und aus seinem Schädel machten sie einen Pokal, indem sie den Schädel umschmiedeten, und sie tranken aus ihm. Sswenéld aber kam nach Kiew zu Jaropólk. Und es waren im ganzen 28 Jahre, die Sswjatossláw als Fürst herrschte.

13. Wladímirs Kampf gegen seinen Bruder Jaropólk (980)

Im Jahre 6488¹. Wolodímer zog mit Warägern gegen Nówgorod. Und er sagte zu den Statthaltern Jaropólks: »Geht zu meinem Bruder und sagt ihm: ›Wolodímer zieht gegen dich. Rüste dich, gegen ihn zu kämpfen!‹« Und er ließ sich [als Herrscher] nieder in Nówgorod.
Und er sandte zu Rogwolod nach Pólozk² und ließ sagen: »Ich will deine Tochter mir zum Weibe nehmen.« Der aber sagte zu seiner Tochter: »Willst du Wolodímer heiraten?« Die aber sagte: »Ich will dem Sohn der Magd nicht die Schuhe ausziehen; sondern ich will den Jaropólk.« Rogwolod war nämlich von jenseits des Meeres gekommen. [...] Und die Jungmannen des Wolodímer kamen und berichteten ihm alles, was Rognéd, die Tochter des Rogwolod, des Fürsten von Pólozk, gesagt hatte. Wolodímer aber sammelte viele Krieger: Waräger und Slowenen und Tschuden und Kriwitschen³, und zog gegen Rogwolod. Zu dieser Zeit wollte man die Rognéd dem Jaropólk zur Frau geben. Und Wolodímer kam nach Pólozk und tötete den Rogwolod und zwei Söhne von ihm, und seine Tochter Rognéd nahm er sich zur Frau.
Und er zog gegen Jaropólk. Und Wolodímer kam nach Kiew mit vielen Kriegern. Und Jaropólk konnte ihm nicht standhalten und schloß sich in Kiew ein mit seinen Leuten und mit Blud⁴. Und

Wolodímer hatte sich verschanzt und stand in Dorogoshitschi, zwischen Dorogoshitschi und Kapitsche, und die Schanze ist dort bis zum heutigen Tage. Wolodímer aber sandte zu Blud, dem Wojewoden des Jaropólk, mit List und ließ sagen: »Nimm mich als Freund an! Wenn ich meinen Bruder töte, so werde ich dich an meines Vaters Stelle haben, und du wirst viel Ehre von mir empfangen. Denn nicht ich habe angefangen, die Brüder zu erschlagen, sondern er. Ich aber hatte das gleiche zu befürchten und bin [deswegen] gekommen, gegen ihn.« Und Blud sagte zu den Gesandten des Wolodímer: »Ich werde dir von Herzen [ergeben] und in Freundschaft [mit dir] sein.« [...]
Und Blud sagte voll Trug zu Jaropólk: »Die Kiewer senden zu Wolodímer und lassen ihm sagen: ›Greife die Stadt an! Denn wir werden dir den Jaropólk ausliefern.‹ Fliehe aus der Stadt!« Und Jaropólk hörte auf ihn und floh und kam und schloß sich ein in der Stadt Rodnja[5] an der Mündung des Flusses Ros. Wolodímer aber zog in Kiew ein. Und sie belagerten den Jaropólk in Rodnja, und es war großer Hunger in der Stadt; und es gibt ein Sprichwort bis zum heutigen Tage: »eine Not wie in Rodnja«. Und Blud sagte zu Jaropólk: »Siehst du, wieviel Krieger dein Bruder hat! Du und ich – wir können sie nicht überwältigen. Mache Frieden mit deinem Bruder!« Trug gegen ihn sinnend sagte er dies. Und Jaropólk sagte: »So sei es!« Und Blud sandte zu Wolodímer und ließ sagen: »Dein Wunsch hat sich erfüllt. Ich werde dir den Jaropólk zuführen. So triff Vorbereitungen, ihn zu töten!« Und Wolodímer, da er dies hörte, ging in den Palasthof seines Vaters, über den wir früher gesprochen haben[6]. Er setzte sich dort nieder mit seinen Kriegern und seiner Gefolgschaft. Und Blud sagte zu Jaropólk: »Gehe zu deinem Bruder und sage zu ihm: ›Was immer du mir gibst, ich werde es annehmen!‹« Jaropólk aber ging hin. Und Warjashko sagte zu ihm: »Gehe nicht hin, Fürst! Sie werden dich erschlagen. Fliehe zu den Petschenegen, und [dann] wirst du Krieger herbeiführen!« Und er hörte nicht auf ihn. Und Jaropólk kam zu Wolodímer, und als er in die Tür eintrat, stießen ihn zwei Waräger mit ihren Schwertern von unten in die Brust. Blud aber schloß die Tür und hinderte die Seinen, nach ihm hereinzukommen, und so wurde Jaropólk getötet. Warjashko aber, als er sah, daß Jaropólk getötet wurde, floh von

dem Hof zu den Petschenegen, und führte viel Krieg gegen Wolodímer mit Hilfe der Petschenegen. Mit Mühe gewann er [Wladímir] ihn, nachdem er ihm einen Eidschwur geleistet hatte. Wolodímer aber beschlief das Weib seines Bruders, die Griechin[7], und sie war schwanger, von welcher Sswjatopólk geboren wurde; aus sündiger Wurzel nämlich kommt sündige Frucht; denn seine Mutter war Nonne gewesen, und zweitens schlief Wolodímer bei ihr nicht gemäß [der Ordnung] der Ehe – Unzucht war es nämlich –; darum liebte sein Vater ihn auch nicht, denn er war von zwei Vätern – von Jaropólk und von Wolodímer. [...]

14. Wladímirs Götzendienst und Vielweiberei (980)

Und Wolodímer begann, allein in Kiew zu herrschen, und er stellte Götzenbilder auf dem Hügel auf, außerhalb des Palasthofes: einen Perún[1] aus Holz, und sein Haupt aus Silber, und der Schnurrbart aus Gold, und Chors, Dashbog und Stribog und Ssimargl und Mokosch. Und sie opferten ihnen und nannten sie Götter[2]. Und sie führten ihre Söhne und Töchter heran und opferten sie den Dämonen, und sie befleckten die Erde durch ihre Opfer, und die russische Erde und jener Hügel wurde mit Blut befleckt[3]. Aber der ganz gütige Gott will nicht den Tod der Sünder[4]; auf jenem Hügel steht jetzt eine Kirche des heiligen Basilius[5], wie wir später erzählen werden; jetzt kehren wir zum Vorliegenden zurück. Wolodímer aber setzte Dobrýna, seinen Oheim, in Nówgorod ein; und Dobrýna kam nach Nówgorod und errichtete ein Götzenbild über dem Flusse Wólchow, und es opferten ihm die Menschen von Nówgorod als einem Gotte.
Und Wolodímer war beherrscht von Begierde nach dem Weibe. Und ihm wurden [als Ehefrauen] zugeführt Rognéd[6], der er einen Wohnsitz gab an der Lýbed, wo jetzt der Landsitz Predssláwino ist, und von ihr zeugte er vier Söhne: Isjassláw, Mstissláw, Jarossláw, Wssewolod, und zwei Töchter; von der Griechin Sswjatopólk, von einer Tschechin Wyschessláw, und von einer anderen Sswjatossláw und Mstissláw, und von einer Bulgarin Borís und Gleb. Beischläferinnen aber hatte er 300 in Wyschegórod, 300 in Bélgorod, und

200 in Berestowo, in dem Landsitz, der jetzt Berestowoje heißt, und er war unersättlich in der Unzucht und ließ verheiratete Frauen und Jungfrauen zu sich bringen und entehrte sie, denn er war ein Liebhaber der Weiber wie auch Salomo. Denn, so heißt es[7]: »Salomo hatte 700 Weiber zu Frauen und dreihundert Beischläferinnen.« Er war aber weise, aber zum Schluß ging er zugrunde. Dieser aber war ein Unverständiger, aber zum Schluß fand er Rettung. Denn »groß ist der Herr und groß seine Kraft, und sein Verstand ist ohne Zahl«[8]. [...]

15. Warägische Märtyrer in Kiew (983)

Im Jahre 6491[1]. Wolodímer zog gegen die Jatwjagen und besiegte die Jatwjagen und nahm ihr Land ein und kam wieder nach Kiew. Und er wollte ein Opfer darbringen für die Götzen zusammen mit seinen Leuten. Und die Ältesten und die Bojaren sagten: »Wir wollen das Los werfen über einen Knaben und ein Mädchen. Auf welchen das Los fällt, den schlachten wir den Göttern.« Und es war da ein Waräger, und sein Hof war, wo jetzt die Kirche ist, die heilige Gottesmutter, welche Wolodímer gebaut hat[2]. Es war aber jener Waräger aus Griechenland gekommen, und er hielt sich an den christlichen Glauben; und er hatte einen Sohn, schön von Antlitz und Seele. Auf diesen fiel das Los aus Neid des Teufels, denn der Teufel duldete es nicht, da er über alle Macht hatte, und dieser war ihm wie ein Dorn im Herzen, und er war eifrig bestrebt, ihn zu vernichten, der verfluchte, und er stachelte die Leute an. Und die zu ihm gesandt waren, kamen und sagten: »Das Los ist auf deinen Sohn gefallen; denn die Götter haben sich ihn erwählt. So wollen wir den Göttern ein Opfer darbringen.« Und der Waräger sagte: »Das sind nicht Götter, sondern das ist Holz: Heute ist es da, aber morgen verfault es; denn sie essen nicht, noch trinken sie, noch reden sie, sondern sie sind von Händen aus Holz gemacht. Gott aber ist *einer*, welchem die Griechen dienen und vor dem sie sich verneigen, der Himmel und Erde und die Sterne und den Mond und die Sonne und den Menschen geschaffen und ihm verliehen hat, auf der Erde zu leben. Aber diese Götter – was haben sie gemacht? Sie sind selbst gemacht worden³. Nicht werde ich meinen Sohn den Dämonen hingeben.« Die aber gingen hin und verkündeten es den Leuten. Die aber nahmen Waffen und zogen gegen ihn, und sie verwüsteten den Hof um ihn. Er aber stand oben auf dem Absatz der Vortreppe mit seinem Sohn. Und sie sagten zu ihm: »Gib deinen Sohn, auf daß wir ihn den Göttern geben!« Er aber sagte: »Wenn es Götter sind, so sollen sie einen Gott von sich schicken und meinen Sohn holen. Aber wozu fordert *ihr* ihn?« Und sie stießen den Schlachtruf aus und zerhieben die Vortreppe unter ihnen, und so töteten sie sie. Und niemand weiß, wo sie sie niedergelegt haben; denn die Menschen waren damals Unverständige und Heiden. Und der Teufel war froh darüber, da er nicht wußte, daß sein Untergang ihm nah sein sollte; denn also war er auch zuvor bemüht, das Volk der Christen zu verderben; aber er wurde in jenen Ländern durch das ehrwürdige Kreuz verjagt, hier aber meinte der Verfluchte: »Hier habe ich eine Wohnstatt; denn hier haben die Apostel nicht gelehrt noch die Propheten geweissagt; denn er wußte nicht von dem Propheten, der da sagt: »Und ich werde zu denen, die nicht mein Volk sind, sagen ›Mein Volk‹«⁴; über die Apostel aber heißt es: »Über die ganze Erde gingen aus ihre Reden und bis zu den Enden des Erdkreises ihre Worte«⁵. Wenn die Apostel auch mit ihrem Leibe nicht hier gewesen sind, so tönen doch ihre Lehren wie Posaunen über den Erdkreis hin in den Kirchen; durch ihre Lehre besiegen wir den Feind, den Widersacher, indem wir ihn niedertreten unter unsere Füße, wie auch diese ...⁶ ihn niedergetreten und den himmlischen Kranz empfangen haben mit den heiligen Märtyrern und Gerechten.

16. Die Mohammedaner, die Lateiner, die Juden und die Griechen senden Missionsgesandtschaften zu Wladimir nach Kiew (986)

Im Jahre 6494¹. Es kamen Bulgaren von mohammedanischem Glauben, die sagten: »Du bist ein weiser und kluger Fürst, [doch] das Gesetz kennst du nicht. Aber glaube an unser Gesetz und verneige dich vor Muhammed.« Und Wolodimer sagte: »Wie ist euer Glaube?« Sie aber sagten: »Wir glauben an Gott; Muhammed aber lehrt uns, indem er sagt: die geheimen Glieder beschneiden und kein Schweinefleisch essen, keinen Wein trinken, nach dem Tode aber, hat er gesagt, mit Weibern Buhlerei treiben: Muhammed wird einem jeden siebzig schöne Frauen geben, er wird eine schöne aussuchen, und die Schönheit aller wird er auf die eine legen, und die wird ihm seine Frau sein; hier aber, hat er gesagt, darf man jegliche Buhlerei treiben; wenn einer auf dieser Welt arm ist, so auch dort.« Und viel anderer Trug, den man nicht schreiben kann um der Scham willen. Wolodímer aber hörte auf sie, denn er selbst liebte die Weiber und viele Buhlerei, und er hörte sie mit Vergnügen an; aber dies war ihm unlieb: Beschneidung der Glieder und vom Nichtessen von Schweinefleisch, vom Trinken aber ganz und gar, indem er sagte: »Den Russen ist das Trinken Freude, wir können ohne das nicht sein.«

Danach aber kamen Deutsche[2] von Rom und sagten: »Wir sind gekommen, gesandt vom Papst.« Und sie sagten zu ihm: »So läßt dir der Papst sagen: ›Dein Land ist so wie auch unser Land, aber euer Glaube ist nicht wie unser Glaube; unser Glaube nämlich ist Licht, wir verehren Gott, der den Himmel und die Erde, die Sterne und den Mond und alles, was Odem hat, geschaffen hat, aber eure Götter sind Holz[3].‹« Wolodímer aber sagte: »Wie ist euer Gebot?« Sie aber sagten: »Fasten, wie einer es vermag; ›Wenn einer trinkt oder ißt, so sei das alles zum Ruhme Gottes‹, hat unser Lehrer Paulus gesagt.[4]« Wolodímer aber sagte zu den Deutschen: »Geht wieder zurück, denn unsere Väter haben das nicht angenommen.«[5]

Da dies die chasarischen Juden hörten, kamen sie und sagten: »Wir haben gehört, daß die Bulgaren und die Christen gekommen sind, dich zu belehren, ein jeder in seinem Glauben; die Christen glauben nämlich an den, den wir gekreuzigt haben; wir aber glauben an den einen Gott Abrahams, Isaaks und Jakobs.« Und Wolodímer sagte: »Was ist euer Gesetz?« Sie aber sagten: »Sich beschneiden lassen, kein Schweinefleisch essen, auch kein Hasenfleisch, den Sabbat halten.« Er aber sagte: »Und wo ist euer Land?« Sie aber sagten: »In Jerusalem.« Er aber sagte: »Seid ihr denn dort?« Sie aber sagten: »Gott ward zornig auf unsere Väter, und er zerstreute uns über die Länder um unserer Sünden willen, und unser Land wurde den Christen übergeben.« Er aber sagte: »Wie belehrt ihr denn andere, ihr selbst aber seid von Gott verworfen und zerstreut? Wenn Gott

16. Missionsgesandtschaften zu Wladimir nach Kiew

euch und euer Gesetz liebte, so wäret ihr nicht zerstreut über fremde Länder; denkt ihr denn, wir sollten das gleiche empfangen?«

Danach sandten die Griechen zu Wolodímer einen Philosophen⁶, der sprach also: »Wir haben gehört, daß Bulgaren gekommen sind, dich zu belehren, daß du ihren Glauben annehmest. Ihr Glaube befleckt Himmel und Erde. Sie sind verflucht mehr als alle anderen Menschen und haben sich Sodom und Gomorrha gleich gemacht, auf die der Herr brennende Steine fallen ließ⁷, und ließ sie untergehen, und sie versanken, also erwartet auch diese der Tag ihres Verderbens, wenn Gott kommen wird, die Erde zu richten und zu verderben alle, die Gesetzlosigkeit tun und Unreinigkeiten begehen; die waschen nämlich ihren After, gießen [das Wasser] in den Mund und schmieren es über den Bart und gedenken [dabei] des Muhammed; und so auch ihre Weiber begehen die gleiche Unreinigkeit und anderes, noch Schlimmeres: Sie essen von der Vereinigung des Mannes mit dem Weibe.« Da Wolodímer dies hörte, spuckte er auf die Erde, indem er sagte: »Unsauber ist dies Ding.« Der Philosoph aber sagte: »Wir haben aber auch dies gehört, daß sie von Rom gekommen sind, euch zu belehren zu ihrem Glauben; ihr Glaube ist ein wenig verderbt unserem gegenüber; denn sie halten den Gottesdienst mit ungesäuertem Brot, nämlich mit Oblaten, welches Gott nicht überliefert hat, sondern er hat befohlen, mit Brot die Messe zu halten⁸, und hat den Aposteln überliefert, nachdem er das Brot genommen hatte, und sprach: ›Dies ist mein Leib, der für euch gebrochen wird‹; desgleichen nahm er auch den Kelch und sagte: ›Dies ist mein Blut des Neuen Testamentes.‹⁹ Die aber tun dies nicht, und sie haben ihren Glauben nicht gebessert.«

Wolodímer aber sagte: »Juden sind zu mir gekommen, die haben gesagt: ›Die Deutschen und die Griechen glauben an den, den wir gekreuzigt haben.‹« Der Philosoph aber sagte: »In Wahrheit glauben wir an den; denn deren Propheten haben vorausgesagt, daß Gott geboren werden solle, und andere, daß er gekreuzigt und begraben werde und daß er am dritten Tage auferstehen werde und auffahren zum Himmel; die aber haben die Propheten getötet, andere gefoltert. Als aber deren Prophezeiung eintraf, kam er herab auf die Erde, empfing die Kreuzigung, und nachdem er auferstanden war,

fuhr er auf gen Himmel. 46 Jahre lang wartete er auf deren Buße, und sie taten keine Buße, und er schickte die Römer gegen sie, die zerstörten ihre Städte[10] und zerstreuten sie selbst über die [fremden] Länder, und sie tun Knechtsdienste in den [fremden] Ländern.« Wolodímer aber sagte: »Warum kam denn Gott auf die Erde und empfing ein solches Leiden?« Der Philosoph aber antwortete und sagte: »Wenn du zuhören willst, so werde ich dir von Anfang an berichten, weswegen Gott herabkam auf die Erde.« Wolodímer aber sagte: »Gern will ich zuhören.« Und der Philosoph begann also zu sprechen:[11] [...]
Und nachdem er so gesprochen hatten, zeigte er dem Wolodímer einen Vorhang, auf dem das Gericht des Herrn gemalt war. Und er zeigte ihm auf der rechten Seite die Gerechten, wie sie in Fröhlichkeit zum Paradies hinzutreten, aber zur Linken die Sünder, in die Qual gehend. Wolodímer aber seufzte auf und sagte: »Wohl denen zur Rechten; aber wehe denen zur Linken!« Der aber sagte: »Wenn du mit den Gerechten auf der rechten Seite willst zu stehen kommen, so laß dich taufen!« Wolodímer aber ließ es ruhen in seinem Herzen und sagte: »Ich warte noch ein wenig«, da er nachforschen wollte über alle Religionen. Wolodímer schenkte ihm viele Gaben und entließ ihn mit großer Ehre.

17. Wladímir läßt die Religion der Mohammedaner, der Lateiner und der Griechen durch eigene Gesandtschaften erkunden (987)

Im Jahre 6495[1]. Wolodímer rief seine Bojaren und die Stadtältesten zusammen und sagte zu ihnen: »Siehe, es kamen zu mir Bulgaren, die sagten: ›Nimm unser Gesetz an.‹ Danach aber kamen Deutsche; auch die lobten ihr Gesetz; nach diesen kamen Juden; nun zuletzt aber kamen Griechen, die alle Gesetze schmähten, ihr eigenes aber lobten; und vieles sprachen sie, indem sie erzählten von Anfang der Welt an über die Entstehung der ganzen Welt; sie erzählen aber gewandt, und es ist wunderbar, sie anzuhören; und einem jeden ist es lieb, ihnen zuzuhören; und sie künden, es gebe eine andere Welt; und wenn einer, sagen sie, in unseren Glauben eintritt, so wird er, wenn er gestorben ist, wieder auferstehen und braucht in Ewigkeit

17. Wladímir läßt die Religion erkunden

nicht mehr zu sterben. Wenn er aber in ein anderes Gesetz eintritt, so muß er in jener Welt im Feuer brennen. Welchen guten Rat könnt ihr nun geben? Was antwortet ihr?« Und es sagten die Bojaren und die Ältesten: »Du weißt, o Fürst, daß niemand das Seine schmäht, sondern jeder es lobt. Wenn du genau nachforschen willst, so hast du ja Männer bei dir. Sende hin und laß nachforschen, wie eines jeden Gottesdienst ist, und wie er Gott dient.« Und diese Rede gefiel dem Fürsten und allen seinen Leuten wohl.

Sie wählten vornehme und kluge Männer aus, zehn an Zahl. Und sie sagten zu ihnen: »Geht zuerst zu den Bulgaren und erforscht zuerst deren Glauben.« Die aber gingen hin, und als sie angekommen waren, sahen sie abscheuliche Dinge, und wie sie sich verneigen in der Moschee. Und sie kamen zurück in ihr Land. Und Wolodímer sagte zu ihnen: »Geht nun zu den Deutschen, schaut euch ebenso um; und von dort geht zu den Griechen.« Sie aber kamen zu den Deutschen und schauten sich den Gottesdienst in den Kirchen an und kamen nach Zargrad[2] und gingen hinein zum Zaren. Der Zar aber forschte nach, welcher Ursache wegen sie gekommen seien. Die aber berichteten ihm alles, was geschehen war. Als der Zar dies hörte, wurde er froh und bereitete ihnen eine große Ehre an jenem Tag. Am anderen Tag aber sandte er zum Patriarchen und ließ sagen: »Da sind Russen gekommen, die nach unserem Glauben fragen. So bereite die Kirche und den Klerus, und du selbst kleide dich in die bischöflichen Gewänder, auf daß sie die Herrlichkeit unseres Gottes sehen!« Da der Patriarch dies hörte, befahl er, den Klerus zusammenzurufen. Und entsprechend dem Brauch hielten sie eine Feier und entzündeten Weihrauch und stellten Gesänge und Chöre zusammen. Und er ging mit ihnen in die Kirche; und man stellte sie auf an einem geräumigen Platz und zeigte ihnen die Schönheit der Kirche, die Gesänge und den hohepriesterlichen Dienst und das Mitdienen der Diakone, und man erklärte ihnen, wie sie ihrem Gott dienen; sie aber waren voll Staunens, verwunderten sich und lobten ihren Gottesdienst. Und die beiden Zaren Basilius und Konstantin[3] ließen sie rufen und sagten zu ihnen: »Gehet hin in euer Land!« Und sie entließen sie mit großen Geschenken und mit Ehren.

Die aber kamen in ihr Land, und der Fürst rief seine Bojaren und Ältesten zusammen. Und Wolodímer sagte: »Siehe, die von uns ausgesandten Männer sind zurückgekommen. Lasset uns von ihnen hören, was geschehen ist!« Und er sagte: »Sprecht vor der Gefolgschaft!« Die aber sagten: »Als wir zu den Bulgaren kamen, sahen wir uns an, wie sie sich im Tempel, das heißt in der Moschee verneigten, indem sie ohne Gürtel stehen, und nachdem er sich verneigt hat, setzt er sich und schaut hierhin und dorthin wie ein Besessener, und Freude ist nicht bei ihnen, sondern Trübsinn und großer Gestank. Nicht gut ist ihr Gesetz. Und wir kamen zu den Deutschen und sahen sie in den Tempeln viele Gottesdienste halten, aber wir sahen keinerlei Schönheit. Und so kamen wir zu den Griechen, und sie führten uns dahin, wo sie ihrem Gott dienten, und wir wissen nicht, waren wir im Himmel oder auf der Erde; denn auf Erden gibt es einen solchen Anblick nicht oder eine solche Schönheit; und wir vermögen es nicht zu beschreiben. Nur das wissen wir, daß dort Gott bei den Menschen weilt. Und ihr Gottesdienst ist besser als der aller [anderen] Länder. Wir aber können jene Schönheit nicht vergessen; denn jeder Mensch, wenn er vom Süßen gekostet hat, nimmt danach Bitteres nicht an. So werden auch wir nicht hier wohnen bleiben.« Die Bojaren aber antworteten und sagten: »Wenn das Gesetz der Griechen schlecht wäre, dann hätte deine Großmutter Ólga es nicht angenommen, die ja weiser war als alle [anderen] Menschen.« Wolodímer aber antwortete und sagte: »Wo wollen wir die Taufe empfangen?« Sie aber sagten: »Wo es dir lieb ist.«

18. Die Taufe Wladímirs des Heiligen und des Volkes von Kiew (988)

Und als ein Jahr vergangen war, im Jahre 6496[1], zog Wolodímer mit seinen Kriegern gegen Kórssun, eine griechische Stadt, und die Leute von Kórssun schlossen sich in der Stadt ein. Und Wolodímer schlug sein Lager auf jenseits der Stadt, im Hafen, einen Pfeilschuß von der Stadt entfernt, und sie kämpften kräftig [gegen ihn] aus der Stadt. Wolodímer aber schloß die Stadt ein. Die Leute in der Stadt wurden matt, und Wolodímer sagte zu den Bürgern: »Wenn ihr euch nicht ergebt, so werde ich auch drei Jahre lang hier bleiben.« Die

18. Die Taufe Wladímirs

aber hörten nicht darauf. Wolodímer aber stellte seine Krieger auf und befahl, einen Damm aufzuschütten in Richtung auf die Stadt. Während diese aber [den Damm] aufschütteten, gruben die Leute von Kórssun unter der Stadtmauer durch und nahmen die aufgeschüttete Erde weg und trugen sie zu sich in die Stadt und schütteten sie in der Mitte der Stadt auf. Die Krieger aber schütteten noch mehr auf.
Und Wolodímer stand [vor der Stadt], und siehe, ein Mann aus Kórssun schoß einen Pfeil, und er hieß Nastás und hatte auf dem Pfeil also geschrieben: »Die Brunnen, die gen Osten hinter dir sind, von da geht das Wasser durch Röhren. Grabe und fange [das Wasser] ab!« Als Wolodímer dies hörte, schaute er zum Himmel auf und sagte: »Wenn dies eintrifft, dann werde auch ich mich taufen lassen.« Und alsbald befahl er zu graben, um die Röhren abzuschneiden, und sie nahmen das Wasser weg. Die Leute [in der Stadt] ermatteten vor Durst nach Wasser und ergaben sich.
Wolodímer und seine Gefolgschaft zogen ein in die Stadt, und Wolodímer sandte zu den Zaren Basilius und Konstantin und ließ ihnen folgendes sagen: »Siehe, eure berühmte Stadt habe ich eingenommen. Ich höre, daß ihr eine Schwester habt, die Jungfrau ist. Wenn ihr sie mir nicht zur Ehe gebt, so werde ich eurer Stadt tun, wie ich dieser getan habe.« Da die Zaren dies hörten, wurden sie traurig, und sie gaben Nachricht, indem sie also sprachen: »Nicht geziemt es sich für Christen, [ihre Frauen] heidnischen Männern zur Ehe zu geben. Wenn du dich taufen lässest, so empfängst du dieses [die Erfüllung deines Wunsches], und du erlangst das Himmelreich und wirst unser Glaubensgenosse sein. Wenn du dieses nicht tun willst, so können wir dir unsere Schwester nicht zur Frau geben.« Als Wolodímer dieses hörte, sagte er zu denen, die von den Zaren gesandt waren: »Sprecht zu den Zaren also: ›Ich will mich taufen lassen; denn ich habe schon vor diesen Tagen euer Gesetz erforscht, und lieb ist mir euer Glaube und euer Gottesdienst, von dem mir die von uns ausgesandten Männer berichtet haben.‹« Und da dies die Zaren hörten, wurden sie erfreut, und sie baten ihre Schwester mit Namen Anna, und sie sandten zu Wolodímer und ließen ihm sagen: »Laß dich taufen, und dann senden wir unsere Schwester zu dir.« Wolodímer aber sagte: »Die mit eurer Schwester kommen,

sollen mich taufen.« Und die Zaren gehorchten und sandten ihre Schwester und einige Würdenträger und Priester. Sie aber wollte nicht hingehen. »Wie in die Gefangenschaft«, sagte sie, »gehe ich. Besser wäre es mir, hier zu sterben.« Und die Brüder sagten zu ihr: »Es könnte sein, daß Gott durch dich das russische Land zur Buße bekehrt; das griechische Land aber befreist du von schlimmem Krieg. Siehst du, wieviel Böses die Russen den Griechen angetan haben? Und nun, wenn du nicht gehst, werden sie uns das gleiche tun.« Und nur mit Mühe bewogen sie sie. Sie aber setzte sich in eine Galeere, nachdem sie ihre Verwandten geküßt hatte, und fuhr übers Meer mit Weinen. Und sie kam nach Kórssun, und die Einwohner von Kórssun kamen heraus [aus der Stadt] mit Ehrerbietung und führten sie in die Stadt und ließen sie Wohnung nehmen im Palast. Nach Gottes Fügung erkrankte zu dieser Zeit Wolodímer an seinen Augen und konnte nichts mehr sehen; und er trauerte gar sehr und wußte sich keinen Rat, was er tun solle, und es sandte zu ihm die Zarin und ließ ihm sagen: »Wenn du dieser Krankheit ledig werden willst, so lasse dich schnell taufen! Tust du das aber nicht, so wirst du dieses Leidens nicht ledig werden.« Da Wolodímer dieses hörte, sprach er: »Wenn das wahrhaft so geschehen wird, dann ist wahrhaft groß der Gott der Christen.« Und er befahl, daß er getauft würde. Der Bischof aber von Kórssun zusammen mit den Priestern der Zarin taufte Wolodímer, nachdem er ihm Taufunterweisung erteilt hatte. Als er ihm die Hand auflegte, wurde er alsbald sehend. Da Wolodímer dies sah, die schnelle Heilung, rühmte er Gott und sprach: »Jetzt erst habe ich den wahren Gott erkannt.« Da seine Gefolgschaft dies sah, ließen viele sich taufen. Er ließ sich aber taufen in der Kirche der heiligen Basilius, und es steht diese Kirche in der Stadt Kórssun auf dem Platz in der Mitte der Stadt, wo die Leute von Kórssun Handel treiben. Der Palast des Wolodímer aber steht neben der Kirche bis zum heutigen Tage, und der Palast der Zarin jenseits des Altarraums. Nach der Taufe aber führte man die Zarin zur Vermählung. Siehe aber, die es nicht recht wissen, sagen: »Er hat sich in Kiew taufen lassen«, und andere haben gesagt: »in Wassiljew«[2] und wieder andere sagen noch anders.
Als Wolodímer aber getauft war, übergab man ihm den christlichen Glauben, in dem man also sprach: »Nicht mögen dich verführen

18. Die Taufe Wladimirs

irgendwelche von den Häretikern. Aber glaube du, indem du also sprichst: ›Ich glaube an den einen Gott, den Vater, den Allerhalter, den Schöpfer Himmels und der Erden‹ und so weiter dieses Glaubensbekenntnis bis zum Ende³. [...] Übernimm keine Lehre von den Lateinern, deren Lehre verderbt ist. Denn wenn sie eingetreten sind in eine Kirche, verneigen sie sich nicht vor den Ikonen, sondern stehend verneigt einer sich, und wenn er sich verneigt hat, malt er ein Kreuz auf der Erde und küßt es und stellt sich dann aufrecht und tritt mit seinen Füßen darauf, und also küßt er es liegend, und stehend tritt er darauf. Solches aber haben die Apostel nicht überliefert; denn die Apostel haben überliefert, ein aufgestelltes Kreuz zu küssen, und die Ikonen haben sie überliefert. Der Evangelist Lukas nämlich hat zuerst [eine Ikone] gemalt und sie nach Rom gesandt⁴, wie Basilius sagt: »Die Ikone geht über auf das Urbild.« Weiterhin nennen sie die Erde »Mutter«. Wenn ihnen aber die Erde Mutter ist, dann ist Vater für sie der Himmel. Denn am Anfang schuf Gott den Himmel und die Erde. So heißt es: »Vater unser, der du bist im Himmel«. Wenn nach deren Verständnis die Erde Mutter ist, warum spuckt ihr dann auf eure Mutter? Einmal liebkost ihr sie, und dann beschmutzt ihr sie. Solches haben die Römer früher nicht getan, sondern auf allen Konzilen haben sie, von Rom und von allen [Patriarchen-]Stühlen zusammenkommend, [das Glaubensbekenntnis] korrigiert: So auf dem ersten Konzil, welches in Nizäa gegen Arius gehalten wurde, sandte Silvester von Rom Bischöfe und Presbyter, von Alexandria Athanasius, von Zargorod [= Konstantinopel] sandte Metrophanes Bischöfe von sich, und so korrigierten sie den Glauben⁵. [...] Petrus der Stammler kam mit anderen nach Rom und riß den Thron an sich und verdarb den Glauben, nachdem er sich losgerissen hatte von dem Thron von Jerusalem und Alexandria und Zargrad und Antiochia, und sie brachten ganz Italien in Aufruhr und verbreiteten die Saat ihrer Lehre. Und die einen unter ihren Priestern halten Gottesdienst, nachdem sie *eine* Frau geheiratet haben, andere aber nehmen bis zu sieben Frauen und halten die Messe⁶. Vor ihrer Lehre muß man sich hüten. Und sie verzeihen Sünden für Gaben, welches das Schlimmste ist. Gott möge dich behüten vor diesem.«

Wolodímer nahm alsdann die Zarin und Nastás[7] und Priester von Kórssun mit den Reliquien des heiligen Klemens und des Phöbus, seines Schülers, und er nahm kirchliche Gefäße und Ikonen zum Segen für sich. Und er errichtete eine Kirche in Kórssun auf dem Berg, wo sie inmitten der Stadt [die Erde] aufgeschüttet hatten, als sie die Aufschüttung wegnahmen, und diese Kirche steht bis zum heutigen Tage. Und als er fortzog, nahm er auch zwei eherne Standbilder und vier eherne Pferde, welche noch heute hinter der [Kirche der] heiligen Gottesmutter[8] stehen, von denen solche, die es nicht recht wissen, meinen, sie seien aus Marmor. Und als Morgengabe gab er den Griechen Kórssun zurück um der Zarin willen, er selbst aber kam nach Kiew. Und als er dorthin gekommen war, befahl er, die Götzenbilder zu stürzen: die einen zu zerhauen, die anderen dem Feuer zu übergeben; den Perún aber befahl er einem Pferd an den Schwanz zu binden und vom Berg hinab den Borítschew[9] entlang zum Rutschaj zu schleppen, und ordnete zwölf Männer ab, ihn mit einem Stock zu schlagen, nicht, als ob das Holz etwas fühlen könnte, sondern zur Schmähung des Teufels, der durch dieses Bild die Menschen verführte, auf daß er Vergeltung empfange von den Menschen. Groß bist du, Herr; wunderbar sind deine Werke[10]; gestern geehrt von den Menschen, und heute beschimpft. Als er aber auf dem Rutschaj zum Dnepr geschleppt wurde, weinten über ihn die ungläubigen Menschen; denn sie hatten die heilige Taufe noch nicht empfangen. Und nachdem sie ihn bis zum Dnepr geschleppt hatten, warfen sie ihn hinein. Und Wolodímer gab Befehl und sprach: »Wenn er euch irgendwo an Land kommt, dann stoßt ihn fort vom Ufer, bis er über die Stromschnellen[11] hinaus ist; alsdann laßt ihn!« Die aber führten aus, was befohlen war. Und als sie ihn verlassen hatten und er durch die Stromschnellen hindurch war, warf der Wind ihn auf eine Sandbank, und die hieß von da an »Sandbank des Perún«, wie sie auch bis heute heißt.
Danach sandte Wolodímer durch die ganze Stadt und ließ sagen: »Wenn sich morgen einer nicht einfindet am Flusse, er sei reich oder arm oder besitzlos oder Knecht, der soll mir zuwider sein.« Da die Leute dies hörten, gingen sie hin mit Freuden und sprachen: »Wenn dies nicht gut wäre, so hätten der Fürst und die Bojaren das nicht angenommen.« Am anderen Morgen aber ging Wolodímer hinaus

Die Taufe Wladimirs

an den Dnepr mit den Priestern der Zarin und mit denen aus Kórssun, und das Volk kam zusammen ohne Zahl, und sie stiegen hinein ins Wasser und standen, die einen bis zum Halse, die anderen bis zur Brust, die jungen aber [standen näher] am Ufer, andere [standen], indem sie Kinder hielten; die Erwachsenen aber wateten [tiefer in den Fluß hinein]. Die Priester aber verrichteten stehend die Gebete. Und es war, dies zu sehen, eine große Freude im Himmel und auf Erden: so viel gerettete Seelen! Der Teufel aber sprach stöhnend: »O weh mir, daß ich von hier verjagt werde. Hier nämlich meinte ich, eine Wohnstatt zu haben, weil es hier keine apostolischen Lehren gibt und man Gott nicht kennt. Ich aber freute mich ihres Dienstes, mit dem sie mir dienten. Und siehe, schon bin ich besiegt von Unverständigen, nicht aber von Aposteln und von Märtyrern. Schon werde ich nicht mehr herrschen in diesen Landen.«
Da das Volk aber getauft war, gingen sie, ein jeder in sein Haus. Wolodímer aber war froh, daß er Gott erkannt hatte, er selbst und sein Volk, und er schaute auf zum Himmel und sprach: »Christus, Gott, der du Himmel und Erde geschaffen hast, schaue herab auf dieses neue Volk und gib ihnen, o Herr, daß sie dich erkennen, den wahren Gott, wie die christlichen Länder dich erkannt haben, und befestige unter ihnen den rechten und unverfälschten Glauben. Und mir hilf, o Herr, gegen den Feind, den Widersacher, daß ich, auf dich und auf deine Macht vertrauend, seine Ränke besiege.«
Und nachdem er also gesprochen, ließ er Kirchen zimmern und aufrichten an den Orten, wo Götzenbilder standen, und er errichtete eine Kirche auf den Namen des heiligen Basilius auf dem Hügel, wo zuvor die Götzenbilder gestanden hatten: das des Perún und die übrigen, wo der Fürst und das Volk Opfer dargebracht hatten. Und er begann, in den Städten Kirchen zu errichten und Priester einzusetzen und das Volk zur Taufe zu führen in allen Städten und Dörfern. Und er sandte hin und ließ bei den vornehmen Familien Kinder einsammeln und begann, sie zur Lehre des Buchwissens zu geben. Die Mütter dieser Kinder aber weinten um sie, denn sie waren noch nicht festgeworden im Glauben; sondern wie um Tote weinten sie.

19. Der Tod Wladímirs des Heiligen (1015); Aufforderung an die gläubigen Russen, sein Andenken zu ehren, damit Gott ihn verherrliche

Im Jahre 6523[1]. Wolodímer wollte gegen Jarossláw ziehen. Jarossláw aber sandte übers Meer und führte Waräger heran, da er seinen Vater fürchtete. Aber Gott machte dem Teufel die Freude nicht. Denn Wolodímer wurde krank. Zu dieser Zeit war bei ihm Borís[2]. Und da die Petschenegen gegen Rußland zogen, sandte er ihnen den Borís entgegen; denn er selbst war sehr krank, in welcher Krankheit er auch verschied, im Monat Juli, am 15. Tage.
Er starb aber in Berestowo[3], und man verheimlichte ihn, denn Sswjatopólk war in Kiew. Bei Nacht aber durchbrach man die Zimmerdecke zwischen zwei Kammern, wickelte ihn in einen Teppich und ließ Seile herab auf die Erde. Man legte ihn auf einen Schlitten und bahrte ihn auf in der [Kirche der] heiligen Gottesmutter[4], die er selbst erbaut hatte. Da das Volk dies hörte, kamen sie zusammen ohne Zahl und weinten über ihn: die Bojaren als über den Beschützer ihres Landes, die Armen als über ihren Beschützer und Ernährer. Und sie legten ihn in einen marmornen Sarkophag und setzten seinen Leichnam bei mit Weinen – den seligen Fürsten.
Dies ist ein neuer Konstantin des großen Rom[5], der sich selbst und sein Volk hat taufen lassen. So machte es auch dieser, jenem gleich. Wenn es ihn nämlich auch zuvor nach häßlicher Begier gelüstete, so war er doch später der Reue beflissen, wie der Apostel kündet: »Wo die Sünde mächtig wird, da ist die Gnade im Überfluß vorhanden.«[6] Wunderbar aber ist es, wieviel Gutes er getan hat für das russische Land, indem er es getauft hat. Wir aber, die wir Christen sind, geben ihm nicht die Ehrung, die jener Gabe angemessen wäre[7]. Denn wenn er uns nicht getauft hätte, dann wären wir noch jetzt in der Verführung des Teufels, so wie unsere Vorfahren verlorengegangen sind. Wenn wir nun Eifer hätten und Gott Gebete darbrächten für ihn am Tag seines Hinscheidens und wenn Gott dann unsern Eifer für ihn [Wladímir] sähe, dann würde er ihn verherrlichen[8]. Denn uns geziemt es, für ihn zu Gott zu beten, weil wir durch ihn Gott erkannt haben.

Aber der Herr gebe dir gemäß deinem Herzen [d. h. gemäß dem Verlangen deines Herzens] und erfülle alle deine Bitten, [vor allem die Bitte] um das Himmelreich, welches du begehrt hast. Der Herr gebe dir die Krone mit den Gerechten in paradiesischer Speise, Fröhlichkeit und Jubel mit Abraham und den übrigen Patriarchen, wie Salomo gesagt hat: »Wenn der gerechte Mann stirbt, so geht seine Zuversicht nicht verloren.«[9] Diesen hält im Gedächtnis das russische Volk, gedenkend der heiligen Taufe, und es rühmt Gott in Gebeten, und in Liedern und Psalmen singt es dem Herrn, das neue Volk, erleuchtet durch den Heiligen Geist, wartend auf die Hoffnung des großen Gottes und unseres Heilandes Jesu Christus, daß er vergelten wird einem jeden gemäß seinen Mühen unaussprechliche Freude, welche zu erlangen allen Christen beschieden sei.

20. Die Ermordung der heiligen Borís und Gleb (1015)

Sswjatopólk[1] aber setzte sich in Kiew auf den Thron als Nachfolger seines Vaters, und er rief die Leute von Kiew zusammen und fing an, ihnen Gut auszuteilen; sie aber nahmen es, doch ihr Herz war nicht mit ihm, weil ihre Brüder mit Borís [im Felde] waren. Als Borís aber zurückkehrte mit den Kriegern, da er die Petschenegen nicht gefunden hatte, kam Nachricht zu ihm: »Der Vater ist dir gestorben.« Und er weinte sehr über den [Tod des] Vaters; denn er war geliebt von seinem Vater mehr als die anderen [Brüder] alle, und er machte Halt an der Alta[2], bis wohin er gekommen war. Die Gefolgschaft des Vaters sagte zu ihm: »Siehe, die Gefolgschaft des Vaters ist bei dir, und die Krieger. Gehe hin, setze dich in Kiew auf den Thron deines Vaters!« Er aber sagte: »Das geschehe nicht, daß ich die Hand erhebe gegen meinen älteren Bruder! Wenn der Vater mir gestorben ist, so sei dieser mir an Vaters Statt!« Und als die Krieger dies hörten, gingen sie auseinander, fort von ihm. Borís aber blieb mit seinen Jungmannen[3].
Sswjatopólk aber wurde voll von Gesetzlosigkeit, nahm Kainssinn[4] an und sandte zu Borís und ließ sagen: »Ich will Liebe mit dir halten, und zum Vatererbe füge ich dir noch etwas hinzu.« Dabei sann er

aber mit List, wie er ihn verderben könne. Sswjatopólk aber kam bei Nacht nach Wyschegórod[5], berief heimlich den Putscha und die jüngeren Bojaren von Wyschegórod und sagte zu ihnen: »Seid ihr mir von ganzem Herzen gewogen?« Und es sagte Putscha mit denen von Wyschegórod: »Wir können unseren Kopf für dich hinlegen!« Er aber sagte zu ihnen: »Laßt niemanden etwas wissen, gehet hin und tötet meinen Bruder Borís!« Sie aber versprachen ihm alsbald, dies zu tun. Von solchen hat Salomo gesagt[6]: »Sie sind schnell bereit, Blut zu vergießen ohne Gerechtigkeit. Die versprechen Blut; sie sammeln sich Böses. Deren Wege sind [Wege] von solchen, die Gesetzlosigkeit vollbringen; denn durch Unfrömmigkeit verderben sie ihre Seele.«

Die Abgesandten aber kamen an die Alta bei Nacht, und sie traten näher heran, und sie hörten den seligen Borís den Morgengottesdienst singen; denn es war ihm schon Kunde geworden, daß man ihn umbringen wolle, und er stand auf und begann zu singen, indem er sprach[7]: »Herr, wie sind ihrer viele geworden, die mich betrüben! Viele stehen gegen mich auf.« Und wiederum: »Denn deine Pfeile sind in mich gedrungen«; »denn ich bin bereit zu Wunden, und mein Schmerz ist vor mir.« Und wiederum sprach er: »Herr, erhöre mein Gebet, und gehe nicht ins Gericht mit deinem Knecht; denn vor dir wird kein Lebendiger gerechtfertigt; denn der Feind hat meine Seele verfolgt.«

Und nachdem er den Hexapsalm beendet hatte und da er sah, daß jene abgesandt waren, ihn zu verderben, begann er den Psalter zu singen[8] und sprach: »Fette Farren haben mich umringt; die Versammlung der Bösen hat mich umlagert.« »Herr, mein Gott, auf dich habe ich gehofft, und errette mich, und von allen, die mich verfolgen, befreie mich!« Danach begann er den Kanon[9] zu singen.

Dann, nachdem er den Morgengottesdienst beendet hatte, betete er, indem er auf die Ikone, auf das Bild des Herrn, schaute: »Herr Jesus Christus, der du in dieser Gestalt auf der Erde erschienen bist um unserer Rettung willen und der du geruhtest aus freiem Willen, deine Hände am Kreuz annageln zu lassen, und der du um unserer Sünde willen das Leiden empfangen hast, würdige auch mich, das Leiden also zu empfangen! Siehe aber, nicht von Widersachern empfange

20. Die Ermordung der heiligen Borís und Gleb 47

ich es, sondern von meinem eigenen Bruder! Und rechne ihm dies nicht als Sünde zu!«[10] Und nachdem er gebetet hatte, legte er sich nieder auf sein Lager.
Und siehe, sie griffen an wie wilde Tiere, rings um das Zelt, und sie stießen ihn mit ihren Lanzen, und sie durchbohrten den Borís, und seinen Diener, der auf ihn gefallen war, durchbohrten sie mit ihm; denn dieser wurde geliebt von Borís; denn dieser Jungmann war seiner Geburt nach ein Ungar, mit Namen Geórgij, den Borís gar sehr liebte; denn er hatte ihm eine große goldene Gríwna[11] angelegt, in welcher er vor ihm zu stehen pflegte. Sie töteten aber auch viele andere Jungmannen des Borís. Da sie dem Geórgij aber die Gríwna nicht schnell vom Halse abnehmen konnten, schlugen sie seinen Kopf ab, und so nahmen sie die Gríwna ab, den Kopf aber warfen sie fort; deswegen fanden sie später seinen Körper nicht unter den Leichen[12].
Den Borís aber, nachdem sie ihn getötet hatten, wickelten die Verfluchten in ein Zelt, legten ihn auf einen Wagen und fuhren ihn fort, während er noch atmete[13]. Als der verfluchte Sswjatopólk aber sah, daß er noch atmete, sandte er zwei Waräger zu ihm, ein Ende mit ihm zu machen. Als die aber kamen und sahen, daß er noch lebte, zog einer von ihnen sein Schwert und stieß es ihm ins Herz. Und so verschied der selige Borís und empfing den Kranz von Gott-Christus mit den Gerechten, er wurde hinzugezählt den Propheten und Aposteln, kam an die Stätte der Märtyrerscharen, fand Ruhe in Abrahams Schoß, erblickte unaussprechliche Freude, sang mit den Engeln und freute sich mit den Scharen der Heiligen.
Und sie brachten seinen Leib heimlich nach Wyschegórod und bestatteten ihn bei der Kirche des heiligen Basilius. Die verfluchten Mörder aber kamen zu Sswjatopólk, als hätten sie Lob verdient, die Gesetzlosen; dies aber sind die Namen dieser Gesetzesübertreter: Putscha, Talez, Jelowitsch, Ljaschko[14]; ihr Vater aber ist Satan. Denn solche Diener sind Dämonen; Dämonen nämlich werden ausgesandt zu Bösem, aber Engel werden zu Gutem gesandt. Denn ein Engel tut dem Menschen nichts Böses, sondern er sinnt ihm immer Gutes; vor allem aber helfen sie den Christen und treten für sie ein vor dem Widersacher, dem Teufel; die Dämonen aber locken [den Menschen] immer zum Bösen, da sie ihn beneiden; denn sie

sehen den Menschen, daß er von Gott geehrt ist und beneiden ihn. [Werden sie] zu bösem [Tun] ausgesandt [, so] sind sie schnell; denn, so heißt es: »Wer geht, den Ahab verführen?« Und ein Dämon sagte: »Siehe, ich gehe!«[15] Denn ein böser Mensch, der nach Bösem trachtet – ist er nicht schlimmer als ein Dämon? Die Dämonen nämlich fürchten Gott; ein böser Mensch aber fürchtet weder Gott, noch schämt er sich vor den Menschen; denn die Dämonen fürchten das Kreuz des Herrn, ein böser Mensch aber fürchtet auch das Kreuz nicht. Deswegen hat auch David gesagt[16]: »Denn wenn ihr in Wahrheit recht sprecht, so richtet recht, ihr Menschensöhne! Denn im Herzen tut ihr Gesetzlosigkeit auf der Erde; Ungerechtigkeit flechten eure Hände zusammen. Abwendig gemacht sind die Sünder vom Mutterleib an, abgeirrt vom Mutterschoß an, Lüge haben sie gesprochen. Ihr Grimm ist nach dem Vorbild der Schlange.«
Sswjatopólk aber, der verfluchte, dachte bei sich selbst und sagte: »Siehe, Borís habe ich getötet! Wie könnte ich Gleb[17] töten?« Und er nahm Kainssinn an und sandte mit List zu Gleb und ließ also sagen: »Komm schnell; der Vater ruft dich; denn er ist gar sehr krank.« Gleb aber setzte sich schnell aufs Pferd und brach auf mit wenig Gefolgschaft; denn er war dem Vater gehorsam. Und als er zur Wolga[18] kam, stieß sich das Pferd auf dem Feld in einer Grube und beschädigte ihm den Fuß ein wenig. Und er kam nach Ssmolénsk, und brach auf von Ssmolénsk und war in Sichtweite und machte Halt auf der Ssmjadyn in dem Boot.
Zu dieser Zeit aber war Nachricht gekommen zu Jarossláw von Peredsslawa[19] über den Tod des Vaters; und Jarossláw sandte zu Gleb und ließ ihm sagen: »Gehe nicht! Der Vater ist dir gestorben, und der Bruder ist dir getötet von Sswjatopólk.« Da Gleb dies hörte, schrie er laut und weinte mit Tränen über den Tod des Vaters, vielmehr aber auch über den des Bruders, und er begann mit Tränen zu beten, indem er sprach: »O weh mir, Herr! Besser wäre es mir, mit dem Bruder zu sterben, als in dieser Welt zu leben. Denn wenn ich, mein Bruder, dein engelhaftes Antlitz gesehen hätte, so wäre ich mit dir gestorben. Nun aber – weswegen bin ich allein geblieben? Wo sind deine Worte, die du zu mir gesprochen hast, mein geliebter Bruder? Jetzt höre ich nicht mehr deine sanfte Unterweisung. Aber wenn du bei Gott Freimut erlangt hast, so bete für mich, daß auch

20. Die Ermordung der heiligen Borís und Gleb

ich das gleiche Leiden empfange. Besser wäre es mir, mit dir zu sterben, als in dieser trügerischen Welt zu leben.«
Und da er also mit Tränen betete, siehe, da kamen plötzlich, die von Sswjatopólk gesandt waren, Gleb zu verderben. Und da ergriffen, die gesandt waren, sogleich das Schiff des Gleb und entblößten die Waffen. Die Jungmannen des Gleb verzagten. Der verfluchte Gorjasser aber, der gesandt war, befahl, Gleb schnell zu schlachten. Der Koch aber des Gleb, mit Namen Tortschin[20], zog das Messer und schlachtete Gleb wie ein unbeflecktes Lamm.
Er wurde dargebracht zum Opfer, Gott zu einem lieblichen Geruch, ein geistliches Opfer, und er empfing den Kranz und ging ein in die himmlischen Wohnungen und erblickte seinen Bruder, nach dem er Verlangen getragen hatte, und freute sich mit ihm in unaussprechlicher Freude, die sie erlangt hatten durch ihre Bruderliebe. »Siehe, wie fein und lieblich ist es, daß Brüder einträchtig beieinander wohnen!«[21]
Die Verfluchten aber kehrten um, wie David gesagt hat: »Die Sünder sollen umkehren in die Hölle!« Und an anderer Stelle: »Die Sünder haben ihre Waffen gezogen und ihre Bogen gespannt, zu schießen auf den Elenden und den Armen, zu schlachten den, der rechten Herzens ist. Ihre Waffe wird eindringen in ihre Herzen, und ihre Bogen werden zerbrochen werden; denn die Sünder werden zugrunde gehen, verschwinden, wie Rauch vergeht.«
Da jene aber kamen und dem Sswjatopólk berichteten: »Wir haben vollbracht, was von dir befohlen war«, und er es hörte, da wurde sein Herz sehr hoffärtig, da er nicht wußte, was David spricht[22]: »Was rühmst du dich der Bosheit, du Starker? Gesetzlosigkeit den ganzen Tag hat deine Zunge ersonnen; wie ein geschärftes Schermesser hast du Trug vollbracht. Du hast die Bosheit mehr geliebt als die Güte, die Ungerechtigkeit mehr, als das Rechte zu sagen. Du hast lieb gewonnen alle Worte, die Verderben bringen, die trügerische Zunge. Darum wird dich Gott ganz und gar zerstören und dich aus deiner Hütte reißen und deine Wurzel aus dem Lande der Lebenden.« Wie auch Salomo gesagt hat: »Ich werde lachen über euren Untergang, und werde mich freuen, wenn das Verderben über euch kommt.« »Darum werden sie essen die Früchte ihres Weges und werden sich ersättigen an ihrem Frevel.«

Nachdem Gleb getötet worden war, wurde er am Ufer liegen gelassen, zwischen zwei Baumstämmen; danach aber nahm man ihn und fuhr ihn und bestattete ihn bei seinem Bruder Borís bei der Kirche des heiligen Basilius[23]. Sie sind vereint mit ihren Leibern, vielmehr aber mit ihren Seelen, beim Herrn, dem Allherrscher, weilend in unendlicher Freude und in unaussprechlichem Licht, und schenken Gaben der Heilung dem russischen Lande; und auch anderen, Fremden, die mit Glauben herbeikommen, geben sie Heilung: den Lahmen, zu gehen, den Blinden das Sehen, den Kranken Heilung, den Gefesselten Lösung, den Gefängnissen Öffnung, den Traurigen Trost, denen in Anfechtung Befreiung. Und sie sind Fürsprecher des russischen Landes und strahlende Leuchten, die immerdar zum Herrn beten für ihr Volk.
Darum müssen auch wir die Leidendulder[24] Christi würdig preisen, indem wir fleißig zu ihnen beten, also sprechend: »Freuet euch, Leidendulder Christi, Fürsprecher des russischen Landes, die ihr Heilung schenkt denen, die zu euch kommen mit Glauben und Liebe! Freuet euch, ihr Bewohner des Himmels! Im Fleisch wart ihr Engel[25], gleichgesinnte Diener [Gottes], ein gleichgestaltiges Paar, von gleicher Seele wie die Heiligen; darum schenkt ihr auch allen Leidenden Heilung. Freuet euch, gottweise Borís und Gleb! Wie zwei Bäche laßt ihr aus dem Brunnen des lebenspendenden Wassers Heilung fließen; sie fließen den gläubigen Menschen zur Heilung. Freuet euch, die ihr den listigen Drachen niedergetreten habt, als lichtglänzende Strahlen habt ihr euch erwiesen, die wie Leuchten das ganze russische Land bescheinen, die Finsternis immerdar verjagen, euch erweisend in unbeugsamem Glauben! Freuet euch, die ihr ein nicht schlummerndes Auge der Seele erworben habt zur Vollbringung der heiligen Gebote Gottes, sie aufnehmend in eurem Herzen, o Selige! Freuet euch, ihr Brüder, gemeinsam am goldstrahlenden Ort, in den himmlischen Wohnungen, in der unverwelklichen Herrlichkeit, deren ihr nach Gebühr gewürdigt seid! Freuet euch, die ihr durch Gottes Lichtglanz offenkundig umstrahlt seid! Über die ganze Welt hin schreitet ihr, Dämonen verjagend, Krankheiten heilend, ihr überaus guten Leuchten, warme Fürsprecher, die ihr bei Gott seid, durch göttliche Strahlen immerfort entzündet, edle Leidendulder, die ihr den

gläubigen Menschen die Seelen erleuchtet. Denn erhöht hat euch die lichttragende himmlische Liebe. Darum habt ihr alles Schöne ererbt im himmlischen Leben: Herrlichkeit und Paradiesesspeise und das geistige Licht der schönen Freude. Freuet euch, die ihr alle Herzen tränkt, die Bitternisse der Krankheiten verjagt, schlimme Leiden heilt. Durch heilige Blutstropfen habt ihr das Purpurgewand[26] rot gefärbt, ihr ganz Herrlichen, und tragt es schön und herrscht mit Christus immerdar, betend für das neue christliche Volk und für eure Verwandten. Denn das russische Land wurde gesegnet durch euer Blut, und durch die Niederlegung eurer Reliquien in der Kirche erleuchtet ihr es durch den göttlichen Geist, in welcher[27] ihr mit den Märtyrern als Märtyrer für euer Volk betet. Freuet euch, die ihr der Kirche eine lichtstrahlende Sonne erworben habt; immer leuchtet ihr Aufgang in eurem Leiden zum Ruhm der Märtyrer! Freuet euch, lichte Sterne, die ihr in der Frühe aufgeht!

»Aber, christusliebende Leidendulder und unsere Fürsprecher, unterwerft die Heiden unter die Füße unserer Fürsten, die ihr betet zum Herrn, unserem Gott, daß sie im Frieden und in Gesundheit beieinander bleiben, indem er sie befreit von innerem Krieg und von der Ränke des Teufels[28]. Seid aber auch uns gewogen, die wir singen und euren ehrwürdigen Triumph ehren, allezeit, bis zur Vollendung der Welt!«

21. Der Untergang des Brudermörders Sswjatopólk (1019)

Der verfluchte und böse Sswjatopólk aber tötete den Sswjatossláw[1], nachdem er zu den Ungarischen Bergen gesandt hatte, da jener nach Ungarn fliehen wollte. Und er fing an und dachte: »Ich töte alle meine Brüder und übernehme die Herrschaft über Rußland allein.« So dachte er in seinem Hochmut, da er nicht wußte, daß Gott die Herrschaft gibt, wem er will; der Höchste setzt den Zaren und den Fürsten ein; wem er will, wird er [die Herrschaft] geben; denn wenn irgendein Land vor Gott recht wandelt, setzt er ihm einen gerechten Zaren oder Fürsten ein, der Gericht und Gerechtigkeit liebt, und ordnet ihm einen Gebieter und einen Richter zu, der recht richtet.

Denn wenn rechtschaffene Fürsten im Lande sind, dann werden viele Sünden vergeben; wenn es aber böse und listige sind, dann bringt Gott ein größeres Unheil über jenes Land, weil er das Haupt des Landes ist. Denn so hat Jesaja gesagt: Sie haben gesündigt »vom Haupt bis zu den Füßen«[2], das ist: vom Zaren bis zu dem einfachen Volk. Denn »wehe der Stadt, in der der Fürst ein Jüngling ist«[3], der es liebt, Wein zu trinken mit Guslispiel und mit jungen Ratgebern; denn solche gibt Gott für die Sünden, aber die alten und weisen nimmt er weg, wie Jesaja[4] spricht: »Der Herr wird hinwegnehmen von Jerusalem den starken Riesen und den tapferen Menschen und den Richter und den Propheten und den demütigen Alten und den wunderbaren Ratgeber und den weisen Werkmeister und den verständigen Hörer, und ich setze ihnen einen Jüngling als Fürsten, und einen Spötter als Herrscher über sie.«

Sswjatopólk aber, der verfluchte, begann, in Kiew zu herrschen. Und er rief die Leute zusammen und begann, den einen Mäntel zu schenken, den anderen Geschenke in Geld zu machen, und er verteilte eine Menge.

Während Jarossláw aber noch nichts wußte vom Tode des Vaters[5], waren viele Waräger bei Jarossláw, und sie taten den Nowgorodern und ihren Frauen Gewalt an, und die Nowgoroder standen auf und erschlugen die Waräger auf dem Poramon'ij Hof[6]. Und Jarossláw wurde zornig und ging nach Rakomo und ließ sich nieder auf dem Hofe, und er sandte zu den Nowgorodern und sagte: »Ich kann diese nicht mehr auferwecken«[7], und lud zu sich die vornehmen Männer, welche die Waräger erschlagen hatten, und sie betrügend erschlug er sie. In der Nacht kam ihm Nachricht aus Kiew von seiner Schwester Peredssláwa[8]: »Der Vater ist dir gestorben; Sswjatopólk aber sitzt in Kiew auf dem Thron und hat den Borís getötet, und gegen Gleb hat er gesandt. Du hüte dich vor ihm gar sehr!« Da er dies hörte, wurde er traurig über den Tod des Vaters und über die Brüder und über die Gefolgschaft[9]. Am anderen Morgen aber versammelte Jarossláw die Nowgoroder, die übriggeblieben waren, und sagte: »Oh, meine teure Gefolgschaft, die ich gestern erschlagen habe, und jetzt ist sie mir nötig geworden!« Und er wischte die Tränen ab und sagte zu ihnen auf der Ratsversammlung: »Der Vater ist mir gestorben; Sswjatopólk aber sitzt in Kiew auf dem Thron

21. Der Untergang des Brudermörders Sswjatopólk

und erschlägt seine Brüder.« Und die Nowgoroder sagten: »Wenn, o Fürst, unsere Brüder auch erschlagen sind: wir können für dich kämpfen.«
Und Jarossláw sammelte tausend Waräger und von den übrigen Kriegern vierzigtausend, und er zog gegen Sswjatopólk, nachdem er Gott angerufen hatte, indem er sagte: »Nicht ich habe begonnen, die Brüder zu erschlagen, sondern er[10]. Gott sei der Rächer des Blutes meiner Brüder; denn ohne Ursache hat er das Blut des Borís und des Gleb, dieser Gerechten, vergossen. Wenn er nun auch mir das gleiche tut? Aber du, Herr, richte mich nach Gerechtigkeit, auf daß aufhöre die Bosheit des Sünders!«[11] Und er zog gegen Sswjatopólk. Da aber Sswjatopólk hörte, daß Jarossláw komme, stellte er Krieger auf ohne Zahl: Russen und Petschenegen, und zog ihm entgegen nach Ljúbetsch[12], auf jener Seite des Dnepr, Jarossláw aber auf dieser.
Im Jahre 6524[13]. Jarossláw kam, und sie stellten sich gegeneinander auf auf beiden Seiten des Dnepr, und diese wagten nicht jene und jene nicht diese anzugreifen, und sie standen drei Monate einander gegenüber. Und der Wojewode des Sswjatopólk begann, am Ufer entlang reitend, die Nowgoroder zu schmähen, indem er sprach: »Was seid ihr gekommen mit diesem Lahmen[14], ihr aber seid Zimmerleute. Wir werden euch anstellen, unsere Häuser zu zimmern!« Da die Nowgoroder dies hörten, sagten sie zu Jarossláw: »Morgen früh setzen wir über, gegen sie. Wenn einer nicht mit uns geht, so werden wir selbst ihn erschlagen.« Es war aber schon die Zeit der ersten Fröste. Sswjatopólk stand zwischen zwei Seen, und er hatte die ganze Nacht mit seiner Gefolgschaft getrunken. Jarossláw aber stellte am anderen Morgen seine Gefolgschaft auf und setzte über um die Zeit der Dämmerung; und als sie ans Ufer gestiegen waren, stießen sie die Boote vom Ufer ab. Und sie gingen gegeneinander und kamen zusammen an einer Stelle, und es wurde eine schlimme Schlacht. Und durch den See war es den Petschenegen nicht möglich zu helfen. Und sie drängten die Krieger des Sswjatopólk zum See, und sie traten auf das Eis, und das Eis brach mit ihnen ein, und Jarossláw begann, die Oberhand zu gewinnen. Sswjatopólk aber sah das und ergriff die Flucht, und Jarossláw gewann die Oberhand. Sswjatopólk aber floh zu den Polen.

Jarossláw aber setzte sich in Kiew auf den Thron seines Vaters. Jarossláw aber war damals in Nowgorod 28 Jahre.

Im Jahre 6526[15]. Boleslaw zog mit Sswjatopólk gegen Jarossláw, mit Polen. Jarossláw aber sammelte eine Menge von Russen[16], Warägern und Slowenen und zog Boleslaw und Sswjatopólk entgegen, und er kam nach Wolhynien. Und sie stellten sich auf auf beiden Seiten des Flusses Bug. Und bei Jarossláw war sein Erzieher und Wojewode, mit Namen Budy. Und Budy begann, den Boleslaw zu schmähen, indem er sprach: »Wir werden dir mit einem Holzscheit deinen dicken Bauch durchstoßen!« Denn Boleslaw war groß und schwer, so daß er nicht auf einem Pferd sitzen konnte, aber er war klug. Und Boleslaw sagte zu seiner Gefolgschaft: »Wenn euch diese Schmähung nicht kränkt, so werde ich allein zugrunde gehen.« Und er setzte sich aufs Pferd[17] und ritt in den Fluß und ihm nach seine Krieger. Jarossláw aber fand nicht Zeit, sich zur Schlacht aufzustellen, und Boleslaw besiegte den Jarossláw. Jarossláw aber entfloh mit vier Männern nach Nówgorod.

Boleslaw aber zog in Kiew ein mit Sswjatopólk. Und Boleslaw sagte: »Verteilt meine Gefolgschaft über die Städte hin zur Verpflegung!« Und es geschah also.

Da Jarossláw aber auf seiner Flucht nach Nówgorod gekommen war, wollte er weiter fliehen, übers Meer[18]. Und der Statthalter Kosjatin, ein Sohn des Dobryna, zerhieb zusammen mit den Nówgorodern die Boote des Jarossláw und sagte: »Wir können noch weiter kämpfen mit Boleslaw und mit Sswjatopólk.« Und sie begannen, Geld zu sammeln[19]: vom Mann je 4 Kunen, von den Ältesten aber je 10 Griwnen, von den Bojaren aber je 80 Griwnen. Und sie brachten Waräger herbei und gaben ihnen Geld. Und Jarossláw sammelte viele Krieger, Boleslaw aber saß in Kiew. Der unverständige Sswjatopólk aber sagte: »Wieviel Polen in den Städten verteilt sind – erschlagt sie!« Und sie erschlugen die Polen. Boleslaw aber floh aus Kiew und nahm wertvolle Habe mit und die Bojaren des Jarossláw und seine Schwestern[20]. Und den Nastás von der Zehntkirche stellte er zu der wertvollen Habe, denn der hatte mit List sein Vertrauen gewonnen. Und eine Menge Leute führte er mit sich, und die tschérwenischen Städte[21] nahm er sich, und er kam in sein Land. Sswjatopólk aber begann, in Kiew als Fürst zu herrschen.

21. Der Untergang des Brudermörders Sswjatopólk

Und Jarossláw zog gegen Sswjatopólk, und Sswjatopólk floh zu den Petschenegen.
Im Jahre 6527[22]. Sswjatopólk kam mit den Petschenegen in schwerer Streitmacht, und Jarossláw sammelte eine Menge Krieger und zog hinauf, ihm entgegen, an die Alta. Jarossláw machte Halt an der Stelle, wo man Borís erschlagen hatte. Er hob seine Hände auf zum Himmel und sagte: »Das Blut meines Bruders schreit zu dir[23], Herr! Räche den Tod dieses Gerechten, wie du gerächt hast das Blut Abels, indem du Stöhnen und Zittern auf Kain gelegt hast; so lege es auch auf diesen!« Nachdem er gebetet hatte, sagte er: »Meine [beiden] Brüder! Wenn ihr mit dem Leib fortgegangen seid von hier, so helft mir durch Gebet gegen meinen Gegner, diesen stolzen Mörder!« Und da er dies gesagt hatte, gingen sie gegeneinander, und sie beide bedeckten das Feld an der Alta von der Menge der Krieger. Es war aber damals ein Freitag. Als die Sonne aufging, stießen beide aufeinander, und es wurde eine schlimme Schlacht, wie sie in Rußland nicht gewesen war, und sich an den Händen packend hieben sie aufeinander, also, daß das Blut durch die Täler floß.
Gegen Abend aber gewann Jarossláw die Oberhand, und Sswjatopólk floh. Und da er floh, kam ein Dämon über ihn, und seine Knochen wurden schwach, und er konnte nicht auf einem Pferd sitzen, und die mit ihm flohen, trugen ihn auf einer Bahre und brachten ihn nach Berestje[24]. Er aber sprach: »Fliehet mit mir! Sie jagen uns nach!« Seine Jungmannen aber sandten hin, [den angeblichen Verfolgern] entgegen, [zu erkunden,] ob jemand ihnen nachjage, und niemand war da, der ihnen nachgejagt wäre[25], und sie flohen mit ihm. Er aber lag da in seiner Schwäche und richtete sich plötzlich auf und sprach: »Siehe, sie jagen uns nach, oh!, sie jagen uns nach! Fliehet!« Es duldete ihn nicht an einer Stelle, und er floh durch das polnische Land, gejagt vom Zorne Gottes, und er floh in die Einöde zwischen Polen und Böhmen. »Auf schlimme Weise verlor er sein Leben, er, den als Ungerechten gerechterweise das Gericht ereilte; nach seinem Weggang von dieser Welt empfingen den Verfluchten die Qualen; [dies] zeigte offenbar die [ihm] gesandte verderbliche Wunde, [sie] jagte ihn unbarmherzig in den Tod«[26], und nach dem Tod ist er ewig gequält und gebunden. Es ist

aber sein Grabhügel in der Einöde bis zum heutigen Tage; es geht aber böser Gestank von ihm aus.
Dies aber hat Gott gewiesen zur Unterweisung für die russischen Fürsten, damit, wenn sie dasselbe tun, nachdem sie es gehört haben, sie die gleiche Strafe empfangen, ja sogar eine noch größere, weil sie einen ebensolchen Brudermord wissend begehen[27]. Denn siebenfache Rache empfing Kain, nachdem er Abel getötet hatte. Lamech aber siebzigfache; denn Kain wußte nicht, daß er Rache empfangen würde von Gott, Lamech aber vollbrachte den Mord, obwohl er von der Strafe wußte, die seinem Vorvater zuteil geworden war. Denn Lamech sagte zu seinen [zwei] Frauen: »Einen Mann habe ich getötet mir zum Schaden und einen Jüngling mir zur Wunde.« Darum sagte er: »Siebzigfache Rache liegt auf mir; denn«, so sagte er, »wissend habe ich dies getan.« Lamech tötete zwei Brüder des Henoch und nahm sich deren Frauen.
Dieser Sswjatopólk aber war ein neuer Abimelech[28], welcher geboren war aus Ehebruch, welcher seine Brüder, die Söhne Gideons, tötete; ein solcher wurde auch dieser.
Jarossláw aber setzte sich in Kiew auf den Thron, wischte den Schweiß ab zusammen mit seiner Gefolgschaft, da er den Sieg errungen hatte und große Mühe bestanden[29].

22. Der Zweikampf zwischen Mstissláw und Rededja (1022)

Zu dieser Zeit war Mstissláw in Tmutorokán, und er zog gegen die Kassogen. Da dies der kassogische Fürst Rededja hörte, zog er ihm entgegen. Und da beide Heere einander gegenüberstanden, sagte Rededja zu Mstissláw: »Warum wollen wir untereinander die Gefolgschaft zugrunde richten? Laß uns selbst zusammenkommen, untereinander zu ringen. Und wenn du siegst, so magst du meine Habe und mein Weib und meine Kinder und mein Land nehmen; wenn aber ich siege, so nehme ich all das Deine.« Und Mstissláw sagte: »So sei es.« Und Rededja sagte zu Mstissláw: »Nicht mit Waffen wollen wir kämpfen, sondern im Ringkampf.« Und sie packten einander und rangen kräftig. Da sie aber lange gerungen hatten, begann Mstissláw zu ermatten, denn Rededja war groß und stark. Und Mstissláw sagte: »O allreine Gottesmutter, hilf mir! Wenn ich diesen überwinde, so baue ich eine Kirche auf deinen Namen.« Und da er dies gesagt hatte, warf er ihn auf die Erde, und er zog das Messer heraus und schlachtete den Rededja und ging hin in dessen Land und nahm alle seine Habe und sein Weib und seine Kinder und legte den Kassogen Tribut auf. Und er kam zurück nach Tmutorokán und legte den Grund zur Kirche der heiligen Gottesmutter und baute sie, und sie steht in Tmutorokán bis zum heutigen Tag.

23. Die kirchliche Tätigkeit Jarossláws des Weisen (1017–1054)

Im Jahre 6545[1]. Jarossláw gründete eine große Stadt, welche Stadt ein Goldenes Tor hat. Er gründete auch die Kirche der heiligen Sophia, die Metropolitankirche; und danach die Kirche auf dem Goldenen Tor, die der Verkündigung der heiligen Gottesmutter geweiht ist; danach das Kloster des heiligen Georg und der heiligen Irene. Und unter ihm begann der christliche Glaube Frucht zu tragen und sich auszubreiten. Und der Mönche wurden mehr, und Klöster fingen an zu sein. Jarossláw liebte die kirchlichen Ordnungen; die Priester liebte er gar sehr, besonders aber die Mönche; und er hatte Fleiß zu den Büchern und las sie oft bei Nacht und bei Tage. Und er sammelte viele Schreiber und übersetzte[2] aus den Griechen in die slawische Schrift. Und man schrieb viele Bücher ab. Und er sammelte [Bücher], durch die belehrt die gläubigen Menschen sich an der göttlichen Lehre erquicken. Wie nämlich einer die Erde pflügt, der andere aber sät[3], wieder andere aber ernten und essen reichliche Speise, so auch dieser: Sein Vater Wolodímer nämlich pflügte und lockerte das Land, das heißt: er erleuchtete [es] durch die Taufe; dieser aber säte Bücherworte in die Herzen der gläubigen Menschen; wir aber ernten, Bücherlehre empfangend.
Denn groß ist der Nutzen von der Lehre der Bücher; denn durch Bücher werden wir unterwiesen und gelehrt den Weg der Buße; und Weisheit und Enthaltsamkeit finden wir von den Worten der Bücher. Denn sie sind Flüsse, die das Weltall tränken[4], es sind Quellstätten der Weisheit; denn Bücher haben eine unermeßliche

Tiefe; durch sie werden wir in Trauer getröstet; sie sind ein Zügel für die Enthaltsamkeit. Denn groß ist die Weisheit, wie auch Salomo, sie lobend, sagte[5]: »Ich, die Weisheit, habe wohnen lassen Rat, Verstand und Sinn. Ich habe herbeigerufen Furcht des Herrn.« »Mein sind die Ratschläge, mein ist die Weisheit, mein die Gewißheit, mein die Festigkeit. Durch mich herrschen die Zaren und schreiben Recht die Starken. Durch mich machen sich groß die Großmächtigen und herrschen die Tyrannen über das Land. Ich liebe, die mich lieben, und die mich suchen, werden finden.« Denn wenn du in den Büchern fleißig nach Weisheit suchst, so wirst du großen Nutzen für deine Seele finden. Denn wer die Bücher oft liest, der redet mit Gott oder mit heiligen Männern. Wenn man die Reden der Propheten und die Lehren des Evangeliums und der Apostelschriften und die Lebensbeschreibungen der heiligen Väter liest, so empfängt die Seele großen Nutzen.

Jarossláw aber, wie wir sagten, war ein Liebhaber von Büchern; und er ließ viele schreiben und legte sie nieder in der heiligen Sophienkirche, die er selbst gebaut hatte; er ließ sie[6] schmücken mit Gold und Silber und kirchlichen Gefäßen; in ihr bringt man Gott zu den verordneten Zeiten die verordneten Gesänge dar; und andere Kirchen errichtete er in den Städten und Flecken und setzte Priester ein und gab ihnen Anteil von seinem Hab und Gut und befahl ihnen, das Volk zu lehren (denn ihnen ist das von Gott aufgetragen) und oft zu den Kirchen zu kommen. Und es mehrten sich die Priester und das christliche Volk gar sehr. Jarossláw aber freute sich sehr, da er die Menge der Kirchen und das christliche Volk sah. Der Feind aber war bekümmert, besiegt von dem neuen christlichen Volk.

24. Die Entstehung des Kiewer Höhlenklosters (um 1051)

Und siehe, wir wollen erzählen, warum das Höhlenkloster [so] genannt wurde. Da nämlich der gottliebende Fürst Jarossláw[1] Berestowo liebte und die Kirche der heiligen Apostel, die dort war, und da er sie mit vielen Priestern ausstattete, war unter diesen ein Presbyter mit Namen Larión[2], ein frommer und bücherkundiger Mann und ein Faster. Und er pflegte von Berestowo zum Dnepr zu

24. Die Entstehung des Kiewer Höhlenklosters

gehen, zu dem Hügel, wo jetzt das alte Höhlenkloster ist, und dort sein Gebet zu verrichten; denn es war dort ein großer Wald. Und er grub eine kleine Höhle, zwei Klafter groß, und kam von Berestowo und sang hier die Stunden und betete im verborgenen zu Gott. Danach aber legte Gott dem Fürsten ins Herz, und er setzte ihn in der [Kirche der] heiligen Sophia als Metropoliten ein, diese Höhle aber blieb so [leer].
Und nach nicht vielen Tagen war ein Mensch, mit weltlichen Namen . . .[3], von der Stadt Ljúbetsch. Und dem legte Gott ins Herz, in ein [fremdes] Land zu gehen. Der aber eilte auf den Heiligen Berg[4], und er sah die Klöster, die dort waren; und er ging umher und gewann die mönchische Lebensweise lieb, und er kam in ein Kloster dort und flehte jenen Abt an, er möge ihm das Mönchgewand anlegen. Der aber erhörte ihn und schor ihn und nannte seinen Namen Antónij. Und er unterwies ihn und belehrte ihn über die mönchische Lebensweise und sagte zu ihm: »Gehe wieder nach Rußland, und der Segen vom Heiligen Berge sei [mit dir].« Und er sagte zu ihm: »Von dir werden viele Mönche herkommen.« Und er segnete ihn und entließ ihn, indem er ihm sagte: »Gehe hin mit Frieden!« Antónij aber kam nach Kiew und erwog, wo er leben könne, und er ging durch die Klöster und gewann sie nicht lieb, da Gott es nicht wollte. Und er begann, durch die Waldschluchten und über die Berge zu gehen, suchend, wo Gott es ihm zeigen würde. Und er kam auf den Hügel, wo Larión die kleine Höhle gegraben hatte. Und er gewann diese Stätte lieb und siedelte sich in ihr an und begann mit Tränen zu Gott zu beten, indem er sprach: »Herr, festige mich[5] an dieser Stätte! Und der Segen des Heiligen Berges und meines Abtes, der mich geschoren hat, sei auf dieser Stätte.« Und er begann, hier zu leben, zu Gott betend, trockenes Brot essend und auch das nur einen Tag um den anderen, und Wasser mit Maßen trinkend und an der Höhle grabend. Und er gab sich nicht Ruhe Tag und Nacht und verblieb in Mühen, in Wachen und in Gebeten.
Danach aber erfuhren [das] gute Menschen, und sie gingen zu ihm und brachten ihm, was nötig war, und er wurde bekannt, wie der große Antonius[6]. Und die zu ihm kamen, baten ihn um seinen Segen. Dann aber, als der Großfürst Jarossláw verschieden war[7], übernahm sein Sohn Isjassláw die Macht und setzte sich in Kiew [auf den

Thron]. Antónij aber wurde berühmt im russischen Lande. Isjasláw aber erfuhr von seiner Lebensweise und kam mit seiner Gefolgschaft und erbat von ihm Segen und Gebet. Und der große Antónij wurde bei allen bekannt und geehrt.

Und es begannen Brüder zu ihm zu kommen, und er begann, sie aufzunehmen und [zum Mönch] zu scheren. Und es sammelten sich Brüder bei ihm, an Zahl 12, und sie gruben eine große Höhle und eine Kirche und Zellen, die bis zum heutigen Tage da sind in der Höhle unter dem alten Kloster[8].

Da aber die Brüder sich gesammelt hatten, sagte Antónij zu ihnen: »Siehe, Gott hat euch, Brüder, versammelt, und ihr seid vom Segen des Heiligen Berges; denn mich hat ein Abt des Heiligen Berges [zum Mönch] geschoren, und ich habe euch geschoren, und es sei auf euch der Segen zuerst von Gott, aber zu zweit von dem Heiligen Berge.« Und da er ihnen dieses gesagt hatte [, sagte er]: »Lebet aber für euch. Und ich setze euch einen Abt. Ich selbst aber will auf jenen Berg gehen, allein, wie ich es auch zuvor gewohnt war, vereinzelt zu leben«; da setzte er ihnen als Abt den Warlaám[9]. Er selbst aber ging auf den Berg und grub die Höhle aus, die unter dem neuen Kloster ist, in welcher er auch sein Leben endete, nachdem er, ohne jemals aus der Höhle herauszugehen, 40 Jahre in Tugend darin gelebt hatte[10], in der auch seine Reliquien liegen bis zum heutigen Tage.

Die Brüder aber mit dem Abt lebten in der Höhle. Und da der Brüder viel wurden in der Höhle und da sie nicht Platz hatten, unterzukommen, faßten sie den Plan, außerhalb der Höhle ein Kloster zu errichten. Und der Abt und die Brüder kamen zu Antónij und sagten zu ihm: »Vater, der Brüder sind viel geworden, und wir können nicht unterkommen in der Höhle. Möge Gott es gutheißen und dein Gebet, daß wir ein Kirchlein errichten außerhalb der Höhle.« Und Antónij gebot ihnen [, es zu tun], sie aber verneigten sich vor ihm und errichteten ein kleines Kirchlein über der Höhle auf den Namen des Entschlafens der heiligen Gottesmutter.

Und Gott begann die [Zahl der] Mönche zu mehren durch die Gebete der heiligen Gottesmutter. Und die Brüder hielten Rat mit dem Abt, ein Kloster zu errichten, und die Brüder gingen zu Antónij und sagten: »Vater, der Brüder werden viel, und wir möchten ein Kloster errichten.« Antónij aber wurde froh und sagte: »Gesegnet

24. Die Entstehung des Kiewer Höhlenklosters

sei Gott für alles, und das Gebet der heiligen Gottesmutter und der Väter, die auf dem Heiligen Berge sind, sei mit euch.« Und nachdem er dies gesagt hatte, sandte er einen von den Brüdern zu dem Fürsten Isjassláw und ließ also sagen: »Mein Fürst! Siehe, Gott läßt der Brüder viel werden, aber der Platz ist klein. Möchtest du uns doch jenen Berg schenken, der über der Höhle ist.«[11] Isjassláw aber, da er es hörte, wurde froh und sandte einen seiner Männer und schenkte ihnen jenen Berg. Der Abt aber und die Brüder gründeten eine große Kirche, und sie umgaben das Kloster mit einem Palisadenzaun und errichteten viele Zellen, und sie vollendeten die Kirche und schmückten sie mit Ikonen.

Und von da an begann das Höhlenkloster; denn zuvor hatten die Mönche in einer Höhle gelebt, und daher wurde es Höhlenkloster genannt. Es ist aber das Höhlenkloster vom Segen des Heiligen Berges gekommen.

Da das Kloster aber vollendet war und Warlaám das Amt des Abtes innehatte, errichtete Isjassláw das Kloster des heiligen Demetrius[12], und er führte den Warlaám [aus dem Höhlenkloster] hinaus zum Amt des Abtes zum heiligen Demetrius, da er es [das Demetriuskloster] höher machen wollte als dieses Kloster, auf Reichtum trauend. Denn viele Klöster sind von Zaren und von Bojaren und vom Reichtum errichtet. Aber dies sind nicht solche wie die, die errichtet sind durch Tränen, Fasten, Gebet, Wachen. Antónij nämlich hatte nicht Gold noch Silber, sondern er gründete es durch Tränen und Fasten, wie ich gesagt habe.

Da Warlaám aber fortgegangen war zum heiligen Demetrius, hielten die Brüder Rat und gingen hin zu dem Stárez[13] Antónij und sagten: »Setze uns einen Abt ein!« Er aber sagte zu ihnen: »Wen wollt ihr?« Sie aber sagten: »Den Gott will und du.« Und er sagte zu ihnen: »Wer ist größer unter euch als Feodóssij[14]?: gehorsam, sanftmütig, demütig. Dieser sei euch Abt.« Die Brüder aber waren froh und verneigten sich vor dem Stárez und setzten den Feodóssij als Abt ein, und die Zahl der Brüder war 20.

Da Feodóssij aber das Kloster übernommen hatte, begann er, Enthaltsamkeit zu üben und großes Fasten und Gebete mit Tränen, und begann, viele Mönche zu sammeln, und er sammelte Brüder, an Zahl 100, und begann, eine Mönchsregel zu suchen. Und es fand sich damals ein Mönch Michaíl vom Studioskloster[15], der mit dem Metropoliten Geórgij aus Griechenland gekommen war, und er begann, bei ihm nach der Ordnung der Studios-Mönche zu forschen, und da er sie bei ihm gefunden hatte, schrieb er sie ab und setzte in seinem Kloster fest, wie man die klösterlichen Gesänge singen und wie die Verneigung machen und die Lesungen lesen müsse und wie in der Kirche stehen und den ganzen kirchlichen Ritus und das Sitzen im Refektorium und was essen, an welchen Tagen – alles mit Anordnung. Feodóssij, nachdem er all dies herausgefunden hatte, übergab es seinem Kloster. Von *dem* Kloster aber übernahmen alle Klöster die Ordnung. Deswegen ist das Höhlenkloster geachtet als das älteste.

Da Feodóssij aber im Kloster lebte und das tugendhafte Leben und die mönchische Regel leitete und jeden aufnahm, der zu ihm kam, da kam auch ich geringer und unwürdiger Knecht, und er nahm mich auf, da ich 17 Jahre zählte von meiner Geburt an[16].

Dies habe ich geschrieben und dargelegt, in welchem Jahr das Kloster anfing zu bestehen und weswegen es Höhlenkloster genannt wird. Aber vom Leben des Feodóssij werden wir an anderer Stelle erzählen.

25. Die Übertragung der Reliquien der hll. Borís und Gleb in eine neugebaute Kirche (1072)

Im Jahre 6580[1]. Man übertrug die [Reliquien der] heiligen Leidendulder Borís und Gleb. Es versammelten sich die Jarossláw-Söhne Isjassláw, Sswjatossláw, Wsséwolod, der Metropolit Geórgij, der Bischof Petr von Perejásslawl, Michaíl von Júrjew, Feodóssij, der Abt des Höhlenklosters, Ssofrónij, der Abt [des Klosters] des heiligen Michael[2], Gérman, der Abt des [Klosters des] heiligen Erlösers, und Nikóla, Abt von Perejásslawl, und alle [übrigen] Äbte. Und sie machten einen Feiertag und feierten freudig und übertrugen sie in die neue Kirche, die Isjassláw gebaut hatte, welche auch jetzt noch steht. Und sie nahmen zuerst den Borís in einem hölzernen Sarg. Isjassláw, Sswjatossláw, Wsséwolod nahmen ihn auf ihre Schultern und trugen ihn, wobei Mönche vorausgingen, Kerzen in

den Händen haltend, und hinter ihnen Diakone mit Weihrauchgefäßen und danach Priester und nach diesen die Bischöfe mit dem Metropoliten, und nach ihnen gingen sie mit dem Sarg. Und nachdem sie ihn in die neue Kirche gebracht hatten, öffneten sie den Sarg, und die Kirche wurde erfüllt von schönem Geruch lieblichen Duftes. Da sie aber dies sahen, priesen sie Gott, und den Metropoliten befiel Schrecken, denn er war nicht fest im Glauben an die beiden, und er fiel nieder und bat um Verzeihung. Und sie küßten seine Reliquien und legten ihn in einen steinernen Sarg. Danach nahmen sie Gleb [, der] in einem steinernen Sarg [lag,] und stellten ihn auf einen Schlitten[3], und an Seile fassend zogen sie ihn. Und als sie an der Tür waren, blieb der Sarg stehen und ging nicht weiter. Und sie befahlen dem Volk, »Herr, erbarme dich!« zu rufen, und [so] zogen sie ihn [weiter]. Und sie legten sie nieder im Monat Mai, am 2. Tage[4]. Und nachdem sie die Liturgie gesungen hatten, hielten die Brüder gemeinsam das Mittagsmahl, ein jeder mit seinen Bojaren, und mit großer Liebe.
Damals hatte Tschúdin [die Herrschaftsgewalt in] Wyschegórod inne, die [Verwaltung der] Kirche aber Lásor. Danach aber gingen sie auseinander, ein jeder in das Seine.

26. Der Tod des Abtes Feodóssij (1074)

Im Jahre 6582[1]. Es verschied Feodóssij, der Abt des Höhlenklosters. Wir wollen ein Weniges sagen von seinem Entschlafen. Feodóssij hatte nämlich diese Gewohnheit: wenn die Fastenzeit herbeikam, am Sonntag der Butterwoche[2], am Abend, küßte er nach seiner Gewohnheit alle Brüder und belehrte sie, wie sie die Fastenzeit verbringen sollen: in Gebeten bei Nacht und am Tage, sich hüten vor häßlichen Gedanken, vor der Aussaat der Dämonen. »Die Dämonen nämlich«, so sagte er, »säen den Mönchen böse Begierden ein und entzünden ihnen die Gedanken, und durch diese [Gedanken] werden ihnen die Gebete geschädigt.« Und wenn solche Gedanken kämen, solle man ihnen wehren durch das Zeichen des Kreuzes und dabei sprechen: »Herr Jesus Christus, unser Gott, erbarme dich unser. Amen.« Und dazu solle man sich enthalten vieler Speise; denn im vielen Essen und maßlosen Trinken wachsen die bösen Gedanken, wenn die Gedanken aber gewachsen sind, geschieht die Sünde. »Darum«, so sagte er, »widerstehet dem Wirken der Dämonen und ihrer List!« Man solle sich hüten vor Faulheit und vor vielem Schlaf und munter sein zum Gesang in der Kirche und zu den Überlieferungen der Väter und zum Lesen der Bücher. Vor allem aber gebührt es den Mönchen, den Psalter Davids auf den Lippen zu haben; durch ihn verjage man die Verzagtheit, die von den Dämonen kommt. Vor allem aber solle man Liebe zu allem in sich haben; die Jüngeren gegenüber den Älteren Unterwerfung und Gehorsam; die Älteren aber zu den Jüngeren Liebe und Unterweisung, und sie sollen ein Vorbild sein durch Enthaltsamkeit und Wachen, durch Wandel und Demut, und so die Jüngeren unterweisen und sie trösten, und so die Fastenzeit verbringen. Denn, so heißt es, Gott hat uns diese vierzig Tage gegeben zur Reinigung der Seele; denn dies ist der Zehnte, der Gott von unserem Leibe gegeben wird; denn Tage sind es von Jahr zu Jahr 365; und von diesen Tagen soll man jeden zehnten Tag Gott darbringen als Zehnten, welches die vierzigtägige Fastenzeit ist, an welchen Tagen die Seele, nachdem sie sich gereinigt hat, sich festlich bereitet auf die Auferstehung des Herrn, indem sie fröhlich ist in Gott. Denn die Fastenzeit reinigt dem Menschen den Geist; denn das Fasten ist vom Beginn an vorgebildet worden: Adam durfte zu Beginn nicht essen von *einem* Baum[3]. Mose, da er gefastet hatte 40 Tage lang, wurde er gewürdigt, das Gesetz auf dem Berge Sinai zu empfangen und die Herrlichkeit Gottes zu sehen. Die Mutter des Samuel, da sie gefastet hatte, gebar sie. Die Leute von Ninive, da sie gefastet hatten, entkamen sie dem Zorn Gottes. Daniel, da er gefastet hatte, wurde er eines großen Gesichtes gewürdigt. Elija, da er gefastet hatte, wurde er gleichsam aufgehoben zum Himmel, zur Speise des Paradieses. Die drei Jünglinge, da sie gefastet hatten, löschten sie die Kraft des Feuers. Gefastet hat der Herr vierzig Tage und hat uns damit gewiesen die Zeit des Fastens. Durch Fasten haben die Apostel ausgerottet die Lehre der Dämonen. Durch Fasten sind unsere Väter erschienen wie Himmelsleuchten in der Welt, die auch nach ihrem Tod strahlen, da sie große Mühen und Enthaltsamkeit erwiesen haben, wie dieser große Antonius und

26. Der Tod des Abtes Feodóssij

Euthymius und Sabas und die übrigen Väter, welchen wir, Brüder, nacheifern.
Nachdem er die Brüder also belehrt und sie alle namentlich gegrüßt hatte, ging er weg aus dem Kloster, wobei er wenige Stücke Brot mitnahm, und ging ein in die Höhle und schloß die Tür der Höhle und schüttete sie mit Sand zu und sprach mit niemandem; wenn es aber eine dringende Angelegenheit gab, so redete er durch ein kleines Fensterchen am Samstag oder am Sonntag. An den übrigen Tagen aber verblieb er in Fasten und Gebet und enthielt sich gar sehr. Und er kam [zurück] in das Kloster am Freitag vor dem Lazarusfest. An diesem Tag endet nämlich das vierzigtägige Fasten: Es beginnt am ersten Montag, wenn die Woche des Theodor[4] anbricht, es endet aber am Lazarus-Freitag; für die Passionswoche aber ist bestimmt, zu fasten um der Passion des Herrn willen.
Feodóssij aber kam nach seiner Gewohnheit und grüßte die Brüder und feierte mit ihnen den Blumensonntag[5]. Und nachdem er zum großen Tag der Auferstehung gelangt war und das lichte Fest gefeiert hatte, fiel er in Krankheit. Und nachdem er erkrankt war und fünf Tage lang krank gelegen hatte und als es dann Abend geworden war, ließ er sich hinaustragen auf den Hof. Die Brüder aber legten ihn auf einen Schlitten[6] und stellten ihn auf gegenüber der Kirche. Er aber ließ alle Brüder rufen. Die Brüder aber schlugen das Schlagbrett[7], und alle versammelten sich. Er aber sagte zu ihnen: »Meine Brüder und meine Väter und meine Kinder! Siehe, ich gehe nun hinweg von euch, wie der Herr es mir offenbart hat in der Fastenzeit, als ich in der Höhle war, daß ich hinausgehen werde, von dieser Welt fort. Ihr aber – wen wollt ihr für euch als Abt haben? – damit auch ich ihm den Segen geben könne.« Sie aber sagten zu ihm: »Du bist uns allen Vater; und welchen du selbst auswählst, der sei uns Vater und Abt, und wir werden ihm gehorchen wie [wir] dir [gehorcht haben].« Unser Vater Feodóssij aber sagte: »Gehet hin [und beratet] ohne mich und benennt, welchen ihr wollt, außer zwei Brüdern: Nikola und Ignat[8]; unter den übrigen, welchen ihr wollt, von den ältesten bis zu den jüngsten.« Sie aber gehorchten ihm, traten ein wenig fort von ihm, zur Kirche hin, berieten sich und sandten zwei Brüder, die also zu ihm sprachen: »Welchen Gott auswählt und dein ehrwürdiges Gebet, welcher dir lieb ist, den

benenne!« Feodóssij aber sagte zu ihnen: »Nun, wenn ihr von mir einen Abt empfangen wollt, so will ich es euch tun, nicht nach meiner Auswahl, sondern nach der Fügung Gottes.« Und er benannte ihnen den Presbyter Ijákow[9]. Den Brüdern aber war es nicht lieb, und sie sprachen: »Er ist nicht hier zum Mönch geschoren.« Denn Ijákow war von Ltez gekommen, zusammen mit seinem Bruder Paul. Und die Brüder begannen, sich den Stéfan[10] zu erbitten, der damals Vorsänger war, einen Schüler des Feodóssij, indem sie sprachen: »Der ist aufgewachsen unter deiner Hand, und er hat bei dir gedient. Diesen gib uns!« Feodóssij aber sagte ihnen: »Siehe, ich hatte nach dem Befehl Gottes den Ijákow benannt; ihr aber wollt nun nach eurem Willen handeln.« Und er hörte auf sie und gab ihnen den Stéfan, daß er ihnen Abt sei, und er segnete den Stéfan und sagte zu ihm: »Kind, siehe, ich übergebe dir das Kloster. Hüte es mit Sorgfalt, und die klösterlichen Überlieferungen, die ich eingerichtet habe in den Gottesdiensten, halte und ändere die Ordnung nicht, sondern tu alles nach dem Gesetz und nach der Vorschrift des Klosters!« Und danach nahmen ihn die Brüder und trugen ihn in die Zelle und legten ihn nieder auf seinem Bett.
Und als der sechste Tag angebrochen war und er sehr krank war, kam zu ihm Sswjatossláw[11] mit seinem Sohn Gleb; und als sie bei ihm saßen, sagte Feodóssij zu ihm: »Siehe, ich gehe fort von dieser Welt, und siehe, ich übergebe dir das Kloster, daß du es behütest, wenn irgendein Aufruhr in ihm entstehen sollte. Und siehe, ich vertraue das Amt des Abtes dem Stéfan an; laß nicht zu, daß ihm eine Kränkung widerfahre!« Der Fürst aber küßte ihn und versprach ihm, sich um das Kloster zu kümmern, und er ging fort von ihm.
Als aber der siebente Tag gekommen war, rief er [Feodóssij] den Stéfan und die Brüder, als er schon schwach wurde, und er begann so zu ihnen zu sprechen: »Wenn nach meinem Weggehen aus dieser Welt – wenn ich Gott wohlgefällig gewesen bin und Gott mich angenommen hat, dann wird nach meinem Weggehen das Kloster beginnen zu gedeihen und zuzunehmen, dann wisset, daß Gott mich angenommen hat[12]. Wenn aber nach meinem Tode das Kloster beginnt, zu verarmen an Mönchen und an den Dingen, deren das Kloster bedarf, dann werdet ihr wissen, daß ich Gott nicht

wohlgefällig gewesen bin.« Und da er so sprach, weinten die Brüder und sprachen: »Vater, bete für uns zu Gott! Denn wir wissen, daß Gott deine Mühe nicht übersehen wird.«

Und während die Brüder diese Nacht vor ihm saßen und als der achte Tag angebrochen war, am zweiten Samstag nach Ostern, in der zweiten Stunde des Tages, übergab er seine Seele in die Hände Gottes, im Monat Mai, am dritten Tage, im zweiten Jahr der Indiktion[13]. Die Brüder beweinten ihn. Feodóssij hatte aber geboten, daß er niedergelegt werde in der Höhle, wo er viele Mühen bestanden hatte, indem er also sagte: »Bestattet meinen Leib bei Nacht!«, wie sie es auch taten. Denn da der Abend gekommen war, nahmen die Brüder seinen Leib und legten ihn nieder in der Höhle, nachdem sie ihm ehrenvoll das Geleit gegeben hatten mit Gesängen und mit Kerzen, zum Lobe unseres Gottes Jesus Christus.

27. Über die Mönche des Kiewer Höhlenklosters (vor und nach 1074)

Da Stéfan[1] aber das Kloster leitete und die selige Herde, die Feodóssij gesammelt hatte, glänzten die Mönche wie Himmelsleuchten in Rußland. Die einen nämlich waren starke Faster, andere eifrig im Wachen, andere im Beugen der Knie, andere im Fasten einen Tag lang oder zwei Tage lang; manche aber aßen Brot mit Wasser, manche Gemüse gekocht, andere roh; sie verblieben in Liebe, die Jüngeren ordneten sich den Älteren unter und wagten nicht, in deren Anwesenheit zu sprechen, sondern alle verhielten sich mit Unterwerfung und großem Gehorsam; so auch die Älteren: sie hatten Liebe zu den Jüngeren und unterwiesen sie, indem sie sie trösteten wie geliebte Kinder. Wenn einer der Brüder in irgendeine Versündigung fiel, trösteten sie ihn: die Kirchenbuße eines Bruders teilten drei oder vier Brüder aus großer Liebe. So also war Liebe unter den Brüdern und große Enthaltsamkeit. Wenn einer der Brüder aus dem Kloster hinausging, hatten alle Brüder darüber große Trauer. Sie sandten nach dem Bruder und riefen ihn [zurück] zum Kloster; alle gingen hin und verneigten sich vor dem Abt und baten den Abt und nahmen den Bruder [wieder] mit Freuden ins Kloster auf. Solche nämlich waren sie: Liebevolle und Enthaltsame und Faster, von denen ich einige wunderbare Männer nennen will.

So einer war dieser erste, Damján, ein Presbyter, ein solcher Faster und Enthaltsamer war er, daß er nur Brot und Wasser zu sich nahm bis zu seinem Tode. Wenn jemand ein krankes Kind brachte, das mit irgendeiner Krankheit behaftet war, und sie brachten es ins Kloster, oder ein erwachsener Mensch, der mit irgendeiner Krankheit behaftet war, kam ins Kloster zu dem seligen Feodóssij, so befahl er diesem Damján, für den Kranken ein Gebet zu halten. Und alsbald hielt er das Gebet und salbte ihn mit Öl, und die zu ihm kamen, empfingen Heilung. Als er aber krank wurde und darniederlag in seiner Schwäche, das Ende [seines Lebens] zu empfangen, kam ein Engel zu ihm in der Gestalt des Feodóssij, der ihm das Himmelreich schenkte für seine Mühen. Danach aber kam Feodóssij mit den Brüdern, und sie setzten sich bei ihm nieder, während jener in seiner Schwäche dalag. Und er schaute auf zum Abt und sagte: »Vergiß nicht, Abt, was du mir versprochen hast!« Und der große Feodóssij verstand, daß er ein Gesicht gesehen hatte, und er sagte zu ihm: »Bruder Damján! Was ich versprochen habe, das werde dir!« Er aber schloß seine Augen und übergab seinen Geist in Gottes Hände. Der Abt aber und die Brüder bestatteten seinen Leib.

So war da auch ein anderer Bruder mit Namen Jeremíja, der sich an die Taufe Rußlands erinnerte[2]. Diesem war von Gott die Gabe gegeben: er verkündete Zukünftiges voraus, und wenn er einen in Nachdenklichkeit sah, so überführte er ihn im geheimen und unterwies ihn, sich vorm Teufel zu hüten. Wenn einer der Brüder gedachte, aus dem Kloster fortzugehen, so erblickte er ihn[3] und kam zu ihm und überführte ihn seines Gedankens und tröstete den Bruder. Wenn er einem etwas sagte, sei es ein Gutes, sei es ein Böses, so erfüllte sich das Wort des Stárez[4].

Es war da auch ein anderer Stárez, mit Namen Matféj; er war hellsichtig. Einmal nämlich stand er in der Kirche an seinem Platz und erhob seine Augen und schaute über die Brüder hin, die singend auf beiden Seiten standen, und er sah einen Dämon herumgehen in der Gestalt eines Polen, in einem Überkleid, und in seinem

Rockschoß trug er Blüten [von der Blume], die da heißt »Klette«. Und er ging umher neben den Brüdern und nahm aus dem Schoß eine Klette und warf sie auf einen. Wenn die Blüte haftete an einem von den Brüdern, die dort sangen, so stand dieser noch eine Weile, wurde dann schwach im Geiste, machte irgendeinen Vorwand und ging hinaus aus der Kirche, ging hin in seine Zelle und schlief und kehrte nicht in die Kirche zurück, bis [der Gottesdienst] zu Ende gesungen war. Wenn er aber auf einen anderen warf, und die Blüte haftete nicht an ihm, so stand dieser kräftig beim Gesang, bis man den Morgengottesdienst zu Ende gesungen hatte, und dann ging er hinaus in seine Zelle. Als der Stárez dies sah, berichtete er es seinen Brüdern.

Ein andermal aber sah der Stárez folgendes: Nach der Gewohnheit dieses Stárez, wenn er dem Morgengottesdienst beigewohnt hatte und die Brüder den Morgengottesdienst gesungen hatten vor der Morgendämmerung und sie in ihre Zellen gingen, so ging dieser Stárez zuletzt aus der Kirche. Als er aber einmal so ging, setzte er sich, um auszuruhen, unter dem Schlagbrett; denn seine Zelle war weit entfernt von der Kirche. Er sah, wie eine Menge vom Tor her kam. Und er erhob seine Augen und sah einen, der auf einem Schwein saß, und die anderen liefen um ihn herum. Und der Stárez sagte zu ihnen: »Wohin geht ihr?« Und der Dämon, der auf dem Schwein saß, sagte: »Wir holen den Michal Tolbekowitsch.« Der Stárez aber bezeichnete sich mit dem Kreuzzeichen und ging in seine Zelle. Als es hell ward, verstand der Stárez, und er sagte zu seinem Zellendiener: »Geh und frage, ob Michal in seiner Zelle ist.« Und man sagte ihm, daß er nicht lange zuvor, nach dem Morgengottesdienst, über den Zaun gesprungen sei. Und der Stárez berichtete dieses Gesicht dem Abt und den Brüdern.

Noch zu Lebzeiten dieses Stárez verschied Feodóssij, und Stéfan wurde Abt, und nach Stéfan Níkon[5], während dieser Stárez noch immer da war. Und als er einmal im Morgengottesdienst stand, erhob er seine Augen und wollte den Abt Níkon sehen, und er sah einen Esel stehen an der Stelle des Abtes, und er verstand, daß der Abt nicht aufgestanden war. Ebenso sah der Stárez auch viele andere Gesichte im voraus, und er ging heim in hohem Alter in diesem Kloster.

Und siehe, es war da ein anderer Mönch, mit Namen Issákij[6], also daß, da er noch im weltlichen Leben war und da er reich war – er war nämlich Kaufmann, von Geburt aus Torópez –, da gedachte er, Mönch zu werden, und er gab seine Habe weg: den Bedürftigen und den Klöstern, und er ging zu dem großen Antónij in die Höhle, und er bat ihn, daß er ihn zum Mönch mache, und Antónij nahm ihn auf und legte ihm mönchische Gewänder an und nannte seinen Namen Issákij, denn sein Name war Tschern.

Dieser Issákij begann ein hartes Leben. Er zog sich nämlich ein härenes Hemd an und befahl, daß man einen Ziegenbock für ihn kaufe und dem Ziegenbock das Fell abziehe, und er zog es über sein härenes Hemd, und die feuchte Ziegenhaut trocknete rings auf seinem Leib. Und er schloß sich in der Höhle ein, in einer der Straßen, in einer kleinen Zelle, etwa vier Ellen, und hier betete er zu Gott mit Tränen. Seine Speise aber war eine Prosphora[7], und [auch] die [nur] einen Tag um den anderen. Wasser trank er mit Maßen. Es brachte ihm [dies] aber der große Antónij, und er reichte es ihm durch ein Fensterchen, [so groß,] daß eine Hand [darin] Platz hatte, und so empfing er [seine] Speise. Und dies tat er sieben Jahre lang, ohne hinauszugehen ans Licht und ohne sich auf die Rippen zu legen, sondern im Sitzen nahm er ein wenig Schlaf.

Und einmal, nach seiner Gewohnheit, da der Abend hereingebrochen war, begann er, sich zu verneigen, Psalmen singend bis Mitternacht. Als er sich [so] mühte, saß er auf seinem Sitz. Einmal aber, da er saß nach seiner Gewohnheit und die Kerze gelöscht hatte, strahlte plötzlich Licht auf wie von der Sonne in der Höhle, also daß es einem Menschen das Augenlicht nimmt. Und es kamen zwei Jünglinge zu ihm, schöne, und ihr Antlitz glänzte wie die Sonne, und sie sagten zu ihm: »Issákij! Wir sind Engel. Aber siehe, Christus kommt zu dir mit Engeln.« Und Issákij stand auf und sah eine Menge, und ihre Gesichter waren heller als die Sonne, und einer unter ihnen – von seinem Gesicht strahlte es am meisten. Und [die beiden Jünglinge] sagten zu ihm: »Issákij! Sieh, das ist Christus! Falle nieder und bete ihn an!« Er aber begriff nicht das Wirken der Dämonen, noch dachte er daran, sich zu bekreuzigen. Er trat hinaus[8] und betete an vor dem Dämonenwerk wie vor Christus. Die Dämonen aber schrien und sprachen: »Nun bist du unser, Issákij!«

27. Über die Mönche des Kiewer Höhlenklosters

Und sie führten ihn hinein in die kleine Zelle und ließen ihn sich setzen, und sie fingen an und setzten sich rings um ihn nieder. Und die Zelle war voll von ihnen und die Höhlenstraße. Und einer von den Dämonen, der Christus genannt wurde, sagte: »Nehmt Schalmeien, Trommeln und Guslis und schlagt sie [diese Instrumente]! Wohlan, Issákij soll uns tanzen!« Und sie spielten auf den Schalmeien und Guslis und schlugen die Trommeln, und sie begannen, ihren Spott mit ihm zu treiben, und nachdem sie ihn ermattet hatten, ließen sie ihn halbtot liegen und gingen fort, nachdem sie ihn beschimpft hatten.
Am anderen Morgen aber, da es hell ward und die Zeit kam, Brot zu essen, da kam Antónij nach seiner Gewohnheit zu dem Fensterchen und sprach: »Segne, Vater Issákij!« Und es war keine Stimme und kein Hören, und Antónij sprach viel, und es kam keine Antwort, und Antónij sagte: »Siehe, er ist schon verschieden.« Und er sandte ins Kloster nach Feodóssij und nach den Brüdern, und sie gruben auf, wo der Eingang versperrt war, und kamen und nahmen ihn, da sie ihn für tot hielten, und trugen ihn hinaus und legten ihn nieder vor der Höhle, und [da] sahen sie, daß er noch lebte. Und der Abt Feodóssij sagte: »Das wird vom Wirken der Dämonen kommen!« Und sie legten ihn nieder auf einem Bett, und Antónij diente um ihn.
Zu dieser Zeit geschah es, daß Isjassláw[9] von den Polen kam, und Isjassláw war zornig gegen Antónij wegen Wssessláw, und Sswjatossláw sandte hin bei Nacht und holte Antónij nach Tschernígow. Antónij aber kam nach Tschernígow und gewann die Berge von Boldinó lieb, grub eine Höhle aus und siedelte sich in ihr an. Und es gibt dort das Kloster der heiligen Gottesmutter auf den Bergen von Boldinó bis zum heutigen Tage. Da Feodóssij aber erfuhr, daß Antónij nach Tschernígow gegangen sei, ging er mit den Brüdern zu Issákij, nahm ihn und brachte ihn zu sich in die Zelle und pflegte ihn, denn er war sehr geschwächt an seinem Leibe, also daß er sich nicht umwenden konnte auf die andere Seite und nicht aufstehen und nicht sitzen, sondern er lag auf einer Seite und näßte, wo er lag; oft kamen ihm auch Würmer unter die Hüfte vom Feuchtmachen und vom Nässen. Feodóssij aber wusch ihn selbst mit seinen eigenen Händen und besorgte ihn. Zwei Jahre lang tat er dies an ihm. Das

aber war ein großes Wunder, daß er zwei Jahre lang in solcher Weise liegend weder Brot zu sich nahm noch Wasser noch Gemüse noch irgendeine andere Speise noch mit seiner Zunge etwas sprach, sondern stumm und taub dalag zwei Jahre lang. Feodóssij aber betete zu Gott für ihn und verrichtete Gebete über ihm Tag und Nacht, bis er im dritten Jahr begann, zu sprechen und zu hören und sich auf die Füße zu stellen wie ein kleines Kind. Und er begann zu gehen und verschmähte es, in die Kirche zu gehen, und mit Gewalt schleppte man ihn zur Kirche, und so lehrten sie ihn nach kurzem gehen. Und danach lernte er, zum Refektorium zu gehen. Und sie setzten ihn gesondert von den Brüdern und legten ihm Brot vor, und er nahm es nicht, wenn man es ihm nicht in die Hände legte. Feodóssij aber sagte: »Legt das Brot vor ihm hin, aber gebt es ihm nicht in die Hände. Möge er selbst essen!« Und eine Woche lang verschmähte er zu essen, und nach kurzem schaute er um sich und aß vom Brot. Und so lernte er essen, und so befreite ihn Feodóssij von der Ränke des Teufels und von seiner List.

Issákij aber faßte wiederum Mut und begann wieder, strenge Enthaltsamkeit zu üben. Da Feodóssij aber gestorben und Stéfan an seine Stelle getreten war, sagte Issákij: »Siehe, damals hast du mich überlistet, Teufel, als ich an einer Stelle saß. Aber künftig werde ich mich nicht mehr in die Höhle einschließen, sondern ich werde dich besiegen, indem ich im Kloster herumgehe.«

Und er zog ein härenes Hemd an und über das härene Hemd einen Rock aus Hanf, und er begann, Narrheit[10] zu treiben, und begann, den Köchen zu helfen, für die Brüder zu kochen. Und zum Morgengottesdienst ging er früher als alle anderen, und er stand kräftig und unbeweglich. Wenn aber der Winter kam und grimme Fröste, stand er in durchgetretenen Schuhen aus Fell, so daß seine Füße am Stein festfroren, und er bewegte seine Füße nicht, bis man den Morgengottesdienst zu Ende gesungen hatte. Und nach dem Morgengottesdienst ging er in die Küche und bereitete das Feuer und das Wasser und das Brennholz, und [dann erst] kamen die übrigen Köche aus der Brüderschaft. Ein Koch aber war da, der hatte gleichfalls den Namen Issákij, und der sagte einmal lachend zu Issákij: »Sieh, da sitzt ein schwarzer Rabe. Geh und fang ihn!« Er aber verneigte sich vor ihm bis zur Erde, ging hin, fing den Raben

27. Über die Mönche des Kiewer Höhlenklosters

und brachte ihn ihm vor allen Köchen; und sie wurden voll Schreckens und berichteten es dem Abt und den Brüdern.
Und die Brüder begannen, ihn zu ehren, er aber wollte keinen Ruhm von Menschen, und so begann er, Narrheiten zu treiben, und begann, Streiche zu spielen, einmal dem Abt, ein andermal den Brüdern, ein andermal den Menschen in der Welt, und andere gaben ihm Schläge. Und er begann, in der Welt herumzugehen, sich gleichfalls zum Narren machend, und er siedelte sich an in der Höhle, in der er zuvor gewesen war[11]; denn Antónij war schon verstorben. Und er sammelte sich Jugendliche und legte [ihnen] Mönchskleider an und empfing [dafür] Schläge, einmal von dem Abt Níkon, ein andermal von den Eltern. Er aber duldete dies alles und nahm hin Schläge und Nacktheit und Kälte, Tag und Nacht.
In einer Nacht hatte er den Ofen in der Wärmestube in der Höhle angezündet, also daß der Ofen aufflammte, denn er hatte Spalten, und die Flamme begann in den Spalten zu lodern. Er aber, da er nichts hatte, sie zuzudecken, trat mit seinen nackten Füßen darauf und blieb auf der Flamme stehen, bis der Ofen ausgebrannt war, und dann ging er hinaus. Und vieles andere erzählte man von ihm, und von manchem sind wir selbst[12] Augenzeuge gewesen.
Und so gewann er den Sieg über die Dämonen, daß er die Erscheinungen, mit denen sie ihn schrecken wollten, und ihr Blendwerk für nichts erachtete, als seien es Fliegen. Denn er sagte zu ihnen: »Ihr habt mich zwar früher, in der Höhle, verführt, weil ich eure Ränke und eure Hinterlist nicht kannte. Jetzt aber habe ich den Herrn Jesus Christus, unseren Gott, und das Gebet meines Vaters Feodóssij[13]. Ich hoffe auf Christus, ich werde euch besiegen.«
Oft spielten die Dämonen ihm Streiche und sagten: »Du bist unser; du hast dich vor unserem Ältesten und vor uns verneigt.« Er aber sagte: »Euer Ältester ist der Antichrist, ihr aber seid Dämonen.« Und er bezeichnete sein Gesicht mit der Gestalt des Kreuzes[14], und so verschwanden sie.
Manchmal wiederum kamen sie zu ihm bei Nacht und wollten ihm Angst machen, einmal in dem Trugbild, als ob da viel Volk käme mit Hacken und mit Schaufeln, die sagten: »Laßt uns diese Höhle aufgraben; und den da graben wir hier ein.« Andere aber sagten: »Fliehe, Issákij! Sie wollen dich eingraben.« Er aber sagte zu ihnen:

»Wäret ihr Menschen, so würdet ihr bei Tage kommen. Aber ihr seid Finsternis und wandelt in der Finsternis, und die Finsternis hat euch ergriffen.« Und er bezeichnete sich mit dem Kreuz, und sie verschwanden. Bisweilen aber schreckten sie ihn in der Gestalt eines Bären, ein ander Mal als grimmes Tier[15], ein ander Mal als Stier, ein ander Mal krochen Schlangen zu ihm, ein ander Mal Kröten und Mäuse und allerlei Kriechtiere, und sie vermochten ihm nichts anzutun, und sie sagten zu ihm: »Issákij, du hast uns besiegt!« Er aber sagte: »Ihr habt mich zuerst besiegt in der Gestalt Jesu Christi und in der von Engeln, die ihr unwürdig seid einer solchen Erscheinungsform[16]. Jetzt seid ihr in der Gestalt von wilden Tieren und Vieh und Schlangen und Kriechtieren erschienen, wie ihr ja auch selbst garstig und böse anzusehen wart.« Und sogleich verschwanden die Dämonen vor ihm.

Und von da an spielten die Dämonen ihm keine Streiche mehr, wie er selbst erzählt hat: »Dies geschah nur drei Jahre lang, diese Anfechtung.« Und danach begann er, strenger zu leben und Enthaltung zu üben: Fasten und Wachen. Und so lebend beendete er sein Leben, und er wurde krank in der Höhle und sie trugen ihn krank ins Kloster, und am achten Tag verschied er im Herrn. Der Abt Ioánn[17] aber und die Brüder richteten seinen Leichnam her und begruben ihn.

So also waren die Mönche des Klosters des Feodóssij, die auch nach ihrem Tode strahlten wie Himmelsleuchten und zu Gott beten für die Brüder, die hier sind, und für diejenigen, die Gaben in das Kloster bringen (und für die Brüder in der Welt[18]), in dem sie [die Mönche] auch jetzt ein tugendhaftes Leben leben und gemeinsam[19] zusammen [alles tun], in Gesang und Gebeten und Gehorsam zum Ruhme des allmächtigen Gottes, und behütet durch die Gebete des Feodóssij; ihm [Gott] sei Ehre in Ewigkeit, Amen.

28. Der Tod des Fürsten Isjassláw in der Schlacht auf dem Neshatino-Feld (1078)

Im Jahre 6586[1]. [...] Olég und Borís[2] führten Heiden gegen das russische Land, und sie zogen gegen Wsséwolod mit den Kumanen. Wsséwolod aber zog hinaus, ihnen entgegen, an die Ssoshiza, und die Kumanen besiegten die Russen, und viele wurden getötet; da wurde getötet Iwán Shirossláwitsch und Túky, der Bruder des Tschúdin, und Porej und viele andere, im Monat August, am 25. Tag. Olég aber und Borís kamen nach Tschernígow und meinten, sie hätten gesiegt. Dem russischen Land aber hatten sie viel Böses getan, indem sie Christenblut vergossen, welches Blut Gott von ihrer Hand fordern wird, und er wird fordern, daß sie Antwort geben dafür, daß sie christliche Seelen zugrunde gerichtet haben.

Wsséwolod aber kam zu seinem Bruder Isjassláw nach Kiew; und nachdem sie sich geküßt hatten, setzten sie sich. Wsséwolod aber berichtete alles, was geschehen war. Und Isjassláw sagte zu ihm: »Bruder, trauere nicht! Denn du siehst, wieviel mir zugestoßen ist. Zuerst: Hat man mich nicht verjagt und mein Hab und Gut geplündert?[3] Und dann: Was hatte ich mir zuschulden kommen lassen? Wurde ich nicht verjagt von euch [beiden], meinen eigenen Brüdern? Bin ich nicht umhergeirrt in fremden Ländern? Ich wurde meiner Habe beraubt, ohne etwas Böses getan zu haben. Und nun, Bruder, laß uns nicht trauern! Wenn wir Anteil haben am russischen Land, dann beide. Ich werde mein Haupt hinlegen für dich.« Und mit diesen Worten tröstete er den Wsséwolod, und er ließ Krieger sammeln, von klein bis groß. Und es zogen aus: Isjassláw mit Jaropólk, seinem Sohn, und Wsséwolod mit Wolodímer, seinem Sohn. Und sie kamen nach Tschernígow, und die Leute von Tschernígow schlossen sich in der Stadt ein; Olég aber und Borís waren nicht in Tschernígow.

Da die Leute von Tschernígow aber nicht öffneten, griffen sie die Stadt an. Wolodímer aber griff beim östlichen Tor an, vom Fluß Streshen[4] her, und gewann das Tor, und sie nahmen die äußere Stadt und verbrannten sie mit Feuer, während die Leute in die innere Stadt flohen.

Isjassláw aber und Wsséwolod hörten, daß Olég und Borís gegen

sie zögen. Isjassláw aber und Wsséwolod brachen eilends auf und gingen fort von der Stadt, Olég entgegen. Und Olég sagte zu Borís: »Laß uns nicht wider sie ziehen! Wir können nicht standhalten wider die vier Fürsten. Laß uns mit der Bitte [um Frieden] zu unseren Oheimen senden!« Und Borís sagte zu ihm: »Siehe mich an: Ich bin bereit. Ich ziehe wider sie alle!« So rühmte er sich sehr, da er nicht wußte, daß Gott den Hoffärtigen widersteht, den Demütigen aber Gnade gibt.«[5] Und: »Der Starke rühme sich nicht seiner Kraft.«
Und sie zogen gegeneinander. Und als beide Heere auf dem Neshatino-Feld[6] zusammenkamen und aufeinanderstießen, wurde es eine schlimme Schlacht. Zuerst wurde Borís getötet, der Sohn des Wjatschessláw, der sich so sehr gerühmt hatte. Isjassláw aber stand unter dem Fußvolk; da ritt plötzlich einer heran und traf ihn mit der Lanze hinter die Schulter; und so wurde Isjassláw getötet, der Sohn des Jarossláw.
Als die Schlacht aber weiterging, floh Olég mit einer kleinen Gefolgschaft, und er entkam mit Mühe und floh nach Tmutorokán[7]. Getötet wurde der Fürst Isjassláw im Monat Oktober, am 3. Tage. Und man nahm seinen Leib und fuhr ihn in einem Boot und bahrte ihn auf gegenüber von Gorodéz[8]. Und es ging ihm entgegen die ganze Stadt Kiew, und sie legten seinen Leib auf einen Schlitten, und die Priester und Mönche geleiteten ihn mit Gesängen, und sie brachten ihn in die Stadt, und es war nicht möglich, den Gesang zu hören vor großem Weinen und Wehklagen; denn es weinte über ihn die ganze Stadt Kiew. Jaropólk aber ging hinter ihm weinend mit seiner Gefolgschaft: »Vater, mein Vater! Wie hast du doch nicht ohne Kummer gelebt auf dieser Welt! Denn viele Anfechtungen hast du empfangen von den Menschen und von deinen eigenen Brüdern. Siehe aber: Nicht von deinem Bruder bist du zugrunde gegangen, aber für deinen Bruder hast du dein Haupt hingelegt!«
Und sie brachten seinen Leib und legten ihn nieder in der Kirche der heiligen Gottesmutter[9], und sie legten ihn in einen Marmorsarkophag.
Es war aber Isjassláw ein Mann, schön anzuschauen und groß an Körper, milde in seinem Verhalten, das Arge hassend, das Rechte liebend; denn Trug war nicht in ihm, sondern er war schlicht von Gemüt, vergalt nicht Böses mit Bösem[10]. Wie viel haben ihm die

Kiewer angetan! Ihn selbst haben sie verjagt, sein Haus aber ausgeplündert. Und er vergalt dies nicht mit Bösem. Wenn euch aber einer sagt: »Er hat die bewaffneten Aufständischen niedergemacht«[11], so hat nicht dieser das getan, sondern sein Sohn. Wiederum verjagten ihn die eigenen Brüder, und er zog umherirrend durch fremdes Land. Und als er wieder auf seinem Throne saß und Wssewolod besiegt zu ihm kam, da sagte er nicht zu ihm: »Wieviel habe ich von euch empfangen!« Er vergalt nicht Böses mit Bösem, sondern tröstete ihn, indem er sagte: »Da du, mein Bruder, mir Liebe erwiesen, mich auf meinen Thron geführt und mich als den Ältesten anerkannt hast[12], so will ich der ersten Feindschaft nicht gedenken. Du bist mir Bruder, und ich dir, und ich lege mein Haupt hin für dich«, welches auch geschah. Denn er sagte nicht zu ihm: »Wieviel Böses habt ihr [beide] mir getan, und nun ist dir dieses zugestoßen.« Er sagte nicht: »Was geht das mich an?«, sondern er nahm auf sich den Kummer des Bruders, erwies große Liebe, führte aus, was der Apostel sagt: »Tröstet die Traurigen!«[13] In Wahrheit: Wenn er in dieser Welt eine Sünde begangen hat, so ist sie ihm erlassen, denn er hat sein Haupt hingelegt für seinen Bruder, ohne daß er mehr an Herrschaftsgebiet begehrt oder mehr Hab und Gut gewollt hätte, sondern für die Kränkung, die dem Bruder widerfahren war. Über solche nämlich hat der Herr gesagt: »Wer sein Leben hingibt für seine Freunde«[14]. Salomo aber hat gesagt: »Brüder, seid in Nöten hilfsbereit!« Denn die Liebe ist höher als alles, wie Johannes sagt[15]: »Gott ist Liebe, und wer in der Liebe bleibt, der bleibt in Gott, und Gott bleibt in ihm. Darin vollendet sich die Liebe, daß wir Zuversicht haben am Tage des Gerichts; denn gleichwie er ist, so sind auch wir in dieser Welt. Furcht ist nicht in der Liebe, sondern die völlige Liebe treibt die Furcht aus; denn die Furcht enthält Qual; wer sich aber fürchtet, der ist nicht völlig in der Liebe.« »So jemand spricht: ›Ich liebe Gott, aber meinen Bruder hasse ich‹, so ist das Lüge; denn wer seinen Bruder nicht liebt, den er sieht, wie kann er Gott lieben, den er nicht sieht? Dieses Gebot haben wir von ihm, daß, wer Gott liebt, daß der auch seinen Bruder liebe.«
Denn in der Liebe vollendet sich alles; denn um der Liebe willen werden auch Sünden zerstreut; denn um der Liebe willen ist der Herr auf die Erde herabgekommen und für uns Sünder gekreuzigt

worden; er nahm unsere Sünden und nagelte sie ans Kreuz[16] und gab uns sein Kreuz, als Hilfe und zur Verjagung der Dämonen; um der Liebe willen vergossen die Märtyrer ihr Blut, und um der Liebe willen vergoß dieser Fürst sein Blut für seinen Bruder, und damit erfüllte er das Gebot des Herrn.
Wsséwolod aber setzte sich in Kiew auf den Thron seines Vaters und seines Bruders und übernahm die Herrschaftsgewalt über ganz Rußland. [...]

29. Aufdeckung und Übertragung der Reliquien des hl. Feodóssij (1091)

Im Jahre 6599[1]. Der Abt und die Mönche hielten Rat und sagten: »Es ist nicht gut, daß unser Vater Feodóssij außerhalb des Klosters und seiner Kirche liegt; denn er hat die Kirche gegründet[2] und die Mönche gesammelt.« Und nachdem sie Rat gehalten hatten, ließen sie die Stelle bereiten, wo man seine Reliquien beisetzen solle. Und als das Fest des Entschlafens der Gottesmutter[3] bis auf drei Tage herangekommen war, befahl der Abt, aufzubrechen, wo seine (unseres Vaters Feodóssij) Gebeine lagen. Seines Befehles bin ich[4] Sünder zuallererst Augenzeuge gewesen, wovon ich auch erzählen will, da ich es nicht vom Hörensagen gehört habe, sondern selbst darin der Anführer gewesen bin. Der Abt aber kam zu mir und sagte zu mir: »Laß uns in die Höhle zu Feodóssij gehen!« Ich aber kam, zusammen mit dem Abt, während es sonst niemand wußte; und als wir um uns geschaut hatten, wo zu graben sei und die Stelle bezeichnet hatten, wo zu graben sei, [nämlich] neben dem Ausgang[5], sagte der Abt zu mir: »Berichte es keinem von den Brüdern; niemand soll es erfahren[6]; aber nimm dir, wen du willst, zu Hilfe!« Ich aber richtete an diesem Tage Grabhacken her, mit denen wir graben könnten.
Und am Dienstag abend in der Dämmerung nahm ich mit mir zwei Brüder[7], während niemand sonst es wußte. Ich kam in die Höhle, und nachdem ich Psalmen gesungen hatte, begann ich zu graben. Und nachdem ich mich gemüht hatte, übergab ichs einem anderen Bruder. Wir gruben bis Mitternacht und mühten uns. Und da wir

29. Aufdeckung und Übertragung der Reliquien 79

beim Graben keinen Erfolg hatten, begann ich zu trauern: ob wir nicht vorbeigraben? Da nahm ich die Grabhacke und begann mit aller Kraft zu graben, während mein Freund vor der Höhle ausruhte. Und er sagte zu mir: »Man hat das Schlagbrett geschlagen.« Und in dem Augenblick grub ich hindurch zu den Reliquien des Feodóssij; als jener zu mir sagte: »Man hat das Schlagbrett geschlagen«, sagte ich: »Jetzt habe ich hindurchgegraben.« Als ich aber hindurchgegraben hatte, umfing mich Schrecken[8], und ich begann zu rufen: »Herr, erbarme dich!«
In dem Augenblick aber saßen zwei Brüder im Kloster und schauten zur Höhle, ob etwa der Abt ihn heimlich zusammen mit jemandem überführe. Und als man das Schlagbrett schlug, sahen sie drei Säulen[9] wie feurige Bögen, und diese standen und gingen dann zu der Stelle über der Kuppel der Kirche, wo Feodóssij niedergelegt wurde. Zu dieser Zeit sah Stéfan[10], der an seiner Stelle Abt geworden war (zu dieser Zeit war er Bischof) – er sah in seinem Kloster über das Feld hin einen großen Lichtschein über der Höhle und meinte: »Da überträgt man den Feodóssij« (es war ihm nämlich einen Tag zuvor angesagt worden), und es war ihm leid, daß man ihn in seiner Abwesenheit übertrüge, und er setzte sich aufs Pferd und ritt schnell los und nahm mit sich den Kliment[11], welchen er an seiner Stelle als Abt eingesetzt hatte.
Und sie gingen miteinander und sahen den großen Lichtschein, und als sie nahe kamen, sahen sie viele Kerzen über der Höhle. Und sie kamen zur Höhle und sahen nichts, und sie kamen hinab in die Höhle, während wir bei seinen Reliquien saßen. Als ich aber hindurchgegraben hatte, sandte ich zu dem Abt: »Komm, daß wir ihn herausnehmen!« Der Abt aber kam mit zwei Brüdern, und ich grub kräftig hindurch[12], und wir stiegen hinein, und wir sahen ihn als Reliquie liegen, aber die Gelenke waren nicht zerfallen, und die Haupthaare waren angetrocknet. Und sie legten ihn auf einen Mönchsmantel und trugen ihn hinaus vor die Höhle.
Am anderen Tag aber versammelten sich die Bischöfe Jefrém von Perejásslawl, Stéfan von Wolodímer, Ioánn von Tschernígow, Marin von Júr'ev; alle Äbte von allen Klöstern kamen mit Mönchen und fromme Menschen. Und sie nahmen die Reliquien des Feodóssij mit Weihrauch und mit Kerzen und brachten sie und legten sie

nieder in seiner eigenen Kirche, in dem Anbau auf der rechten Seite, im Monat August, am 14. Tag, einem Donnerstag, in der ersten Stunde des Tages, im 14. Jahr der Indiktion[13]. Und sie feierten freudig an jenem Tage.

Siehe, ich will ein wenig berichten, eine Prophezeiung des Feodóssij, welche sich erfüllt hat[14]. Als nämlich Feodóssij zu seinen Lebzeiten das Amt des Abtes innehatte und die ihm von Gott anvertraute Herde, die Mönche, leitete, kümmerte er sich nicht um diese allein, sondern auch um die Weltlichen und sorgte sich um ihre Seelen, wie sie gerettet werden könnten, vor allem aber um seine Beichtkinder, indem er sie tröstete und unterwies, wenn sie zu ihm kamen, oder ein andermal, wenn er in ihre Häuser ging und ihnen Segen spendete. Einmal nun, da er in das Haus des Jan[15] gekommen war, zu Jan und zu seiner Frau Maríja (denn Feodóssij liebte sie, weil sie nach dem Gebot des Herrn lebten und in Liebe lebten) – da er nun einmal zu ihnen gekommen war, belehrte er sie über Almosen für die Armen und über das Himmelreich, das die Gerechten bekommen werden, die Sünder aber Pein, und über die Stunde des Todes. Und als er so zu ihnen sprach auch über die Grablegung des Leibes, da sagte die Frau des Jan zu ihm: »Wer weiß, wo man mich einmal niederlegt!« Feodóssij aber sagte zu ihr: »Wahrlich, wo ich mich niederlegen werde, da wirst auch du niedergelegt werden.« Dies aber erfüllte sich; denn nachdem der Abt 18 Jahre zuvor verschieden war, erfüllte sich dieses; denn in diesem Jahr verschied die Frau des Jan mit Namen Maríja, im Monat August, am 16. Tage. Und die Mönche kamen und sangen die dem Brauch entsprechenden Gesänge, und sie brachten sie und legten sie nieder in der Kirche der heiligen Gottesmutter, gegenüber dem Grab des Feodóssij, auf der linken Seite. Feodóssij wurde niedergelegt am 14. Tage, diese aber am 16. Also erfüllte sich die Prophezeiung unseres seligen Vaters Feodóssij, des guten Hirten, der die geistlichen Schafe weidete, ohne Ansehen der Person, mit Sanftmut und mit Umsicht, indem er sie hütete und für sie wachte mit Wachen und betete für die ihm anvertraute Herde und für die Christenmenschen, und für das russische Land, der auch nach seinem Hinscheiden betete für die gläubigen Menschen und für seine Schüler, die, indem sie auf dein[16] Grabmal schauen, deiner Lehre und deiner Enthaltsamkeit gedenken und Gott rühmen. Ich

29. Aufdeckung und Übertragung der Reliquien

aber, dein sündiger Knecht und Schüler, weiß nicht, womit ich dein gutes Leben und deine Enthaltsamkeit rühmen soll; aber siehe, ein weniges will ich sagen: »Freue dich, unser Vater und Unterweiser! Nachdem du die Unruhe der Welt verworfen und das Schweigen liebgewonnen hattest, hast du Gott in der Stille gedient, im mönchischen Leben. Alles, was dir von Gott dargebracht war, hast du ihm wieder dargebracht: Durch Fasten hast du dich erhöht, die fleischlichen Leidenschaften und Wonnen gehaßt und die weltliche Schönheit und das Verlangen dieser Weltzeit verworfen, nachfolgend den Fußstapfen der hochgesinnten Väter, ihnen nacheifernd, durch Schweigen dich erhöhend, durch Demut dich zierend. Freue dich, der du dich gefestigt hast durch die Hoffnung auf die ewigen Güter und sie empfangen hast. Nachdem du die fleischliche Begierde, die Quelle der Gesetzlosigkeit und der Verwirrungen, o Heiliger, abgetötet hattest und den Ränken des Dämons und seinem Netz entkommen warst, bist du, Vater, mit den Gerechten zur Ruhe eingegangen und hast Vergeltung empfangen gemäß deinen Mühen, da du ein Nachfolger der Väter geworden und ihrer Lehre und ihrem Wandel und ihrer Enthaltsamkeit gefolgt warst, indem du dich an ihre Regel gehalten hast. Vor allem aber hast du dem großen Theodosius[17] nachgeeifert an Lebensweise und Wandel, indem du seiner Enthaltsamkeit nacheifertest und folgtest seinem Brauch, fortschrittest von [einem guten] Werk zu [einem noch] besseren Werk und die dem Brauch entsprechenden Gebete Gott emporsandtest zu einem Geruch lieblichen Duftes und darbrachtest das Rauchopfer des Gebetes, wohlduftenden Weihrauch[18]. Nachdem du besiegt hattest die weltliche Begierde und den Weltherrscher, den Fürsten dieser Welt, und niedergetreten den Widersacher, den Teufel, und seine Ränke, hast du dich als Sieger erwiesen über seine feindlichen Pfeile und stolzen Anschläge, da du ihm Widerstand leistetest und dich wappnetest mit der Waffe des Kreuzes und mit unbesiegbarem Glauben und der Hilfe Gottes. Bete für mich, ehrwürdiger Vater, daß ich befreit werde von dem Netz des Bösen; und vor dem Widersacher, dem Feind, behüte mich durch deine Gebete.« [...]

30. Die heidnischen Kumanen plündern das Höhlenkloster (1096)

Im Jahre 6604[1]. [...] Am 20. Tag des gleichen Monats [Juni], an einem Freitag, in der ersten Stunde des Tages kam zum zweiten Mal der gottlose, räudige Bonják[2] heimlich – ein Räuber – plötzlich nach Kiew, und beinahe wären die Kumanen auf ihren Pferden in die Stadt hineingejagt; und sie verbrannten die Siedlungen auf dem Sand rings um die Stadt und wandten sich zurück, gegen die Klöster[3], und verbrannten das aus Holz gebaute Kloster des Stéfan und das des German. Und sie kamen zum Höhlenkloster, während wir in den Zellen waren und ausruhten nach dem Morgengottesdienst. Und sie erhoben den Kampfruf rings um das Kloster und stellten zwei Feldzeichen auf vor dem Klostertor. Während wir nun auf die Rückseite des Klostergebäudes flohen, während andere auf die Emporen hinaufgelaufen waren, zerhieben die gottlosen Ismael-Söhne[4] das Tor des Klosters und stürzten die Zellen entlang und zerhieben die Türen und trugen hinaus, was sie etwa in den Zellen fanden. Dann zündeten sie das Haus unserer heiligen Gebieterin, der Gottesmutter, an[5]. Und sie kamen zur Kirche und zündeten die Tür an, die nach Süden geht, und als zweite die nach Norden. Und sie drangen ein in den Anbau beim Grabe des Feodóssij. Und sie nahmen die Ikonen und verbrannten die Türen, und sie schmähten Gott und unsere Religion. Gott aber duldete es, denn die Zahl ihrer Sünden und ihrer Gesetzlosigkeiten war noch nicht voll geworden. Darum sagten sie: »Wo ist ihr Gott, daß er ihnen helfe und sie von uns erlöse?«[6] Und andere Schmähworte sprachen sie gegen die heiligen Ikonen und machten sich lustig über sie, da sie nicht wußten, daß Gott seine Diener züchtigt durch Überfälle von Feinden, auf daß sie sich erweisen wie Gold, das in der Esse geprüft wird[7]. Denn die Christen müssen durch viele Trübsale und Traurigkeiten eingehen in das Himmelreich; diese heidnischen Lästerer aber, die auf dieser Welt Fröhlichkeit und Ausgelassenheit empfangen haben, werden in jener Welt Qual empfangen mit dem Teufel und ewiges Feuer.

Damals verbrannten sie auch den Schönen Hof[8], den der fromme Fürst Wsséwolod hatte errichten lassen auf dem Hügel, der oberhalb von Wýdubitschi liegt. Dies alles verbrannten die verfluchten

Kumanen durch Feuer. Darum sagen auch wir, dem Propheten David folgend[9]: »Herr, mein Gott! Mache sie wie ein Rad, wie Feuer vor dem Winde, das Eichenwälder verbrennt. So mögest du sie jagen durch deinen Sturm. Erfülle ihre Angesichter mit Schande.« Denn siehe, sie haben dein heiliges Haus und das Kloster [, das] deiner Mutter [geweiht ist,] und die Leichname deiner Knechte beschmutzt und angezündet.

31. Nachschrift des Abtes Ssilwéstr zu seiner Abschrift der Nestorchronik (1116)

Ich, Ssilwéstr, Abt [im Kloster] des heiligen Michael, habe dieses Buch »Chronik« geschrieben, hoffend, von Gott Gnade zu empfangen, unter dem Fürsten Wolodímer, da er in Kiew als Fürst herrschte und da ich zu der Zeit Abt war beim heiligen Michael, im Jahre 6624, dem 9. Jahr der Indiktion. Und wer dieses Buch liest, der gedenke meiner in seinen Gebeten.

32. Die Eroberung und Zerstörung Kiews durch die Tataren (1240)

Im Jahre 6748[1]. Batú kam nach Kiew in schwerer Streitkraft, mit der gewaltigen Menge seiner Streitkraft, und er schloß die Stadt ein, und die Streitkraft der Tataren umgab die Stadt mit einem Palisadenzaun, und die Stadt war in großer Umklammerung, und Batú war bei der Stadt, und seine Mannen umlagerten die Stadt, und in ihr konnte man nichts hören durch den Lärm des Knarrens seiner Wagen und der Menge des Schreiens seiner Kamele und von dem Lärm des Wieherns der Herde seiner Pferde. Und das russische Land[2] war erfüllt von feindlichen Kriegern.
Man fing aber unter ihnen einen Tataren mit Namen Towrul, und der verkündete ihnen ihre ganze Streitkraft. Das waren seine Brüder, die starken Wojewoden Urdju und Baidar, Birjui, Kaidan, Betschak und Mengu und Kjujuk, welcher umkehrte, als er von dem Tode des Chans erfuhr, und Chan wurde, obwohl er nicht von seiner Sippe war, sondern er war sein erster Wojewode; und der Recke Sebedjai

und der Recke Burundai, der das bulgarische[3] und das Ssúsdaler Land erobert hatte, und andere Wojewoden ohne Zahl, die wir hier nicht aufgeschrieben haben.

Batú aber stellte Sturmböcke auf gegen die Stadt am Polnischen Tor[4]; denn hierher waren sie gekommen durch die Waldschlucht. Die Sturmböcke aber schlugen ohne Aufhören Tag und Nacht, und sie schlugen eine Bresche in die Mauer, und die Leute der Stadt stiegen hinauf in die Bresche, und da war zu sehen Brechen der Lanzen und Splittern der Schilde. Pfeile verdunkelten das Licht. Und als sie besiegt waren und Dmítrij[5] verwundet, stiegen die Tataren auf die Mauern und hielten sie besetzt jenen Tag und die Nacht. Die Leute der Stadt aber bauten wiederum einen anderen Befestigungsring um die [Kirche der] heiligen Gottesmutter[6]. Am anderen Morgen aber griffen sie sie an, und es kam zwischen ihnen zu großem Kampf. Da die Leute aber hinaufflohen auf die Kirche, auf die Kirchengewölbe, mit ihren Waren, da stürzten die Mauern der Kirche von der schweren Last mit ihnen [den Menschen] ein, und so wurde die Stadt von den Truppen genommen. Den Dmítrij aber führten sie verwundet hinaus, und sie töteten ihn nicht, um seiner Mannhaftigkeit willen. [. . .]

Anmerkungen

1. Text: Sp. 7–9. Die Legende dürfte gegen Ende des 11. Jh. entstanden sein; seit dieser Zeit verbreitete sich der Kult des Apostels Andreas in Rußland, und man versuchte, das russische Christentum mit der Person dieses auch in Konstantinopel sehr verehrten Heiligen zu verbinden. Der Chronist selbst verhält sich ihr gegenüber zurückhaltend, er leitet sie ein mit den Worten »wie man gesagt hat«. Späterhin wurde sie jedoch fest geglaubt, und man sah in dem Apostel Andreas den Begründer des russischen Christentums, obwohl das in der Erzählung gar nicht gesagt wird. Der zweite Teil der Erzählung verwendet in humorvoller Weise das Motiv der Verschiedenheit süd- und nordrussischer Badesitten, einer Verschiedenheit, die so groß ist, daß der Südländer gar nicht recht begreifen kann, worum es beim nordrussischen Dampfbad eigentlich geht. Eine ausführliche Interpretation der Erzählung habe ich (in russischer Sprache) gegeben in: »Letopisi i chroniki«, 1973, Moskva, 1974, S. 48–63.

1,1. Sinópe, in Kleinasien, am Südufer des Schwarzen Meeres, galt als Missionsstützpunkt des Apostels Andreas. Kórssun, das griechische Chérson, war eine griechische Kolonie an der Südspitze der Krim, nahe bei dem heutigen Ssewastópol. Die Dnepr-Mündung befindet sich etwa 300 km nordwestlich von Kórssun. Den Weg von Kórssun nach Rom dneprauſwärts und dann über die Ostsee und Schweden zu nehmen, war für die Zeit des Apostels Andreas völlig undenkbar. Aber zur Zeit der Entstehung der Legende kannte man von Nordrußland (Nówgorod) aus in der Tat zwei Wege nach Rom: den über die Ostsee und Schweden und den über Kiew und Konstantinopel.

1,2. Slowenen hießen die Angehörigen des ostslawischen Stammes, der im Norden Rußlands, am Ilmensee, südlich des heutigen Leningrád, siedelte. Der Verfasser der Chronik weiß selbst, daß zur Zeit des Apostels Andreas weder die Stadt Kiew im Süden noch Nówgorod im Norden existierten.

1,3. Waräger: der russische Name für die skandinavischen Völker. Vgl. dazu den Chronikbericht zum Jahre 862, u., Nr. 3.

2. Text: Sp. 9 f. – Die Quelle der von dem Chronisten erzählten Sage dürfte in dem Ortsnamen Kiew selbst liegen, der von einem Personennamen Kij abgeleitet ist. Die Namen seiner beiden Brüder und seiner Schwester sind aus Geländenamen im Bereich der Stadt Kiew abgeleitet. Zu Lýbed s. u., Nr. 14, Anm. 6. Der Besuch Kijs in Konstantinopel ist wohl aus dem Ortsnamen Kíewez in Bulgarien erschlossen worden. Man führte das russische Kiew und das bulgarische Kiewez auf den gleichen Kij zurück und schloß daraus, daß dieser Kij sowohl in Rußland wie auch in Bulgarien gewesen sei; seinen Aufenthalt in Bulgarien erklärte man sich durch die Annahme, daß er von Kiew nach Konstantinopel gefahren sei, um dem

Kaiser seine Aufwartung zu machen. Die Sage von Kij wird sich aber nicht erst der Chronist ausgedacht, sondern er wird sie aus mündlicher Tradition übernommen haben. Die ungefüge Syntax des Stückes, die wir in der Übersetzung beibehalten haben, erklärt sich vielleicht daraus, daß der Chronist der von ihm wiedererzählten Sage seine erläuternden oder polemischen Erklärungen eingefügt hat.

2,1. Poljanen hießen die Angehörigen des ostslawischen Stammes, der bei Kiew siedelte.

2,2. Die Boritschew-Auffahrt ist die Straße, die von dem auf der Höhe liegenden Teil Kiews in die Unterstadt am Dnepr hinunterführte, zwischen der heutigen Zahnradbahn und der Andreaskirche. – Daß die alten Poljanen wilde Tiere fingen, wird vielleicht gleichfalls aus einem alten Ortsnamen gefolgert, aus dem Geländenamen »Perewessischtsche« (wahrscheinlich die Waldschlucht an der Stelle des Kreschtschátik, der Hauptstraße des heutigen Kiew). »Perewessischtsche« bezeichnet eine Stelle, wo man wilde Tiere durch aufgestellte Fallen und Netze fängt; daher vielleicht auch die Assoziation zwischen Wald und Tierfang in unserer Erzählung. Die Klugheit, die von den Poljanen gerühmt wird, leitet der Chronist vielleicht von ihrer aus diesem Geländenamen zu erschließenden Fähigkeit, Tiere in Fallen zu fangen, her. Allerdings spricht er auch sonst sehr günstig von den Poljanen – dem Stamm, zu dem er wahrscheinlich selbst gehört.

2,3. »Zargrad« heißt »Zarenstadt«, d. i. »Kaiserstadt«, also Konstantinopel. Wir behalten in der Übersetzung der altrussischen Texte diese alte russische Bezeichnung der Stadt Konstantinopel bei; ebenso die Bezeichnung »Zar« (abgeleitet von dem Namen Cäsar) für den in Konstantinopel residierenden griechischen Kaiser.

3. Text: Sp. 19 f. – Die hier in sagenhafter Form geschilderten Ereignisse, die zur Vereinigung der ostslawischen Stämme und zur Gründung des russischen Reiches geführt haben, müssen vor 860 stattgefunden haben, da in diesem Jahr schon eine russische Flotte vor Konstantinopel erschienen ist. Die Sage, daß die skandinavischen Herrscher von den Slawen »berufen« worden seien, dürfte zu einer Zeit entstanden sein, als die skandinavische Herrscherschicht noch nicht im slawischen Volkstum aufgegangen war, als sie aber schon das Bedürfnis empfand, ihren Herrschaftsanspruch als legitim, als nicht nur auf der Stärke der Waffen, sondern als zu Recht bestehend nachzuweisen. Beides deutet auf die Zeit um 950 als Entstehungszeit der Sage. Es ist gut möglich, daß man sich um diese Zeit noch der Namen der ersten Fürsten erinnerte. Die Namen Rúrik, Síneus, Trúwor, Askóld, Dir, Olég, Ígor, Ólga sind germanischen Ursprungs; von etwa 950 an tragen die Glieder des Fürstenhauses meist slawische Namen (Sswjatosláw, Jarossláw, Jaropólk, Wolodímer usw.). – Richtig sieht die Sage auch, daß Kiew erst später in den Herrschaftsbereich des von Norden her sich erweiternden Staates einbezogen worden ist.

3,1. 6367. In der Nestorchronik werden die Jahre gemäß der byzantinischen Zeitrechnung »nach Erschaffung der Welt« gezählt. Nach dieser Zählung fällt die Geburt Christi in das Jahr 5508. Von der Jahreszahl »nach Erschaffung der Welt« sind also jeweils 5508 abzuziehen, wenn man zu unserer Jahreszählung kommen will. Das Jahr 6367 »n. E. W.« entspricht also dem Jahre 859 nach der Geburt Christi. Jedoch galt als Jahresbeginn im alten Rußland nicht der 1. Januar, sondern entweder der 1. März oder, wie in Byzanz, der 1. September. Das »Septemberjahr« 6367 begann am 1. September 858 und endete am 31. August 859. Das »Märzjahr« 6367 begann am 1. März 859 und endete am 29. Februar 860. In beiden Fällen lag der überwiegende Teil des Jahres 6367 in dem Jahr 859 unserer Zeitrechnung: vom Septemberjahr die Zeit vom 1. Januar bis 31. August, vom Märzjahr die Zeit vom 1. März bis 31. Dezember. Wir begnügen uns deshalb mit der Angabe dieses einen Jahres. Genau genommen kann die Angabe 6367 aber die Zeit vom 1. September 858 bis 29. Februar 860 bezeichnen. Da nicht immer festgestellt werden kann, ob eine chronologische Angabe sich auf das Märzjahr oder das Septemberjahr bezieht, sind die Jahresangaben der Chronik oft unsicher. Nur wenn das volle Datum eines Ereignisses, mit Angabe des Monats- und des Wochentages, gegeben wird, läßt sich aufgrund kalendarischer Berechnungen auch das Jahr genau angeben. Vgl. zu 26,13; 29,13.

3,2. Die »Waräger von jenseits des Meeres« sind die Schweden; die Tschuden sind die Esten, die Slowenen und Kriwitschen ostslawische Stämme um den Ilmensee und südlich davon; die Merier und Wessen finnische Stämme nördlich und östlich von den Slowenen. Das Turkvolk der Chasaren hatte zwischen der unteren Wolga und dem Don ein Reich gegründet, dem die weiter südlich wohnenden ostslawischen Stämme tributpflichtig waren: die Poljanen am Dnepr und östlich davon die Ssewerjanen, nordöstlich von diesen, in der Gegend des heutigen Moskau, die Wjatitschen. – Der Tribut wurde vielfach in Fellen gezahlt, weil diese ein wichtiger Handelsartikel waren.

3,3. 6370 n. E. W. = 862 n. Chr. Zu dieser Jahreszahl vgl. die Einleitung zu diesem Artikel.

3,4. In der Tat dürfte der Name »Rus« (Russen) auf den Namen des schwedischen Stammes zurückgehen, dem Rúrik entstammte. Siehe dazu Max Vasmer, »Russisches etymologisches Wörterbuch«, Bd. 2, 1955, S. 551 f.

3,5. Die Stadt Ládoga, 12 km südlich der Mündung des Wólchow in den Ládoga-See am Wólchow gelegen, war ein besonders wichtiger Stützpunkt im Fernhandel der Wikinger in Osteuropa. Später wurde Ládoga durch Nówgorod überflügelt. Darum hat die Lawrentij-Handschrift der Nestorchronik an dieser Stelle Ládoga durch Nówgorod ersetzt. Die weiterhin genannten Städte s. auf der Landkarte.

3,6. Statt »nicht von seinem Stamm« wäre eher zu erwarten: »nicht von seiner Sippe«. Aber gewiß waren die Skandinavier, die sich in Rußland festsetzten, auch von verschiedenen skandinavischen Stämmen. Die Erzählung spiegelt die komplizierten Verhältnisse in sagenhafter Form. – »sondern Bojaren«: Bojaren waren Angehörige des Hochadels, aber eben nicht Fürsten, sondern »nur Bojaren«. Schon an dieser Stelle wird angedeutet, daß Askóld und Dir nicht berechtigt gewesen waren, in Kiew zu herrschen. Das von Rúrik genehmigte Reiseziel war ja auch nicht Kiew, sondern Konstantinopel.

3,7. Nach Zargrad = Konstantinopel wollten sie wohl in feindlicher Absicht oder als Kaufleute; vielleicht denkt die Sage aber auch, spätere Verhältnisse vorwegnehmend, daß sie als Söldner in die Dienste des griechischen Kaisers treten wollten.

4. Text: Sp. 22–24. – Askóld und Dir hatten in Kiew einen selbständigen, von Nówgorod unabhängigen Staat gegründet. 860 unternahmen sie einen Kriegszug gegen Konstantinopel, konnten die Stadt jedoch nicht erobern. Bald darauf schickten die Griechen christliche Glaubensboten nach Rußland, und die Oberschicht des Kiewer Staates ließ sich taufen. 882 dehnte Olég, der nach Rúriks Tod die Herrschaftsgewalt im Norden innehatte, seinen Herrschaftsbereich nach Süden aus, ließ Askóld und Dir töten und machte Kiew zur Hauptstadt des Reiches. Auch in dieser Erzählung verbinden sich sagenhafte Motive aus der Zeit um 900 mit gelehrten Erläuterungen und Ergänzungen des Chronisten aus der Zeit um 1100.

4,1. 6387 n. E. W. = 879 n. Chr.

4,2. Rúrik setzt seinen Verwandten Olég als Vormund für Ígor ein.

4,3. 6390 n. E. W. = 882 n. Chr. »Olég brach auf«: gemeint ist: von Nówgorod. Zu den Völkernamen s. o. Nr. 3, Anm. 2.

4,4. »hinab«: dem Lauf des Dnepr folgend. Über Ljúbetsch s. Nr. 21, Anm. 12.

4,5. Im Russischen geht aus der Verbform (Dual) hervor, daß zwei gemeint sind: Olég und Ígor.

4,6. Úgorskoje: ein hügeliges Gelände südlich von Kiew, zwischen der Stadt und dem Höhlenkloster.

4,7. Weil Askóld und Dir nicht von fürstlicher Sippe sind, sind sie nach Olégs Meinung nicht zur Herrschaft berechtigt; Olég läßt sie als Usurpatoren hinrichten.

4,8. Dieser Olma, offenbar ein Zeitgenosse des Chronisten, ist sonst nicht bekannt. Offenbar hat *er* die Kirche des heiligen Nikolaus erbauen lassen. Der Kult dieses Heiligen ist seit dem 11. Jahrhundert in Rußland bezeugt. Heute wird als »Grabhügel des Askóld« eine Stelle im Park oberhalb des rechten Dneprufers, nordöstlich vom Höhlenkloster, bezeichnet, wo bis 1809 eine hölzerne Kirche stand. 1810 wurde an ihrer Stelle eine steinerne Rundkirche im klassizistischen Stil gebaut, die 1936 zu einem Parkpavillon umgestaltet wurde.

Anmerkungen

4,9. Es soll wohl gesagt werden, daß der Name »Russen« jetzt als gemeinsame Bezeichnung für die Bewohner des Kiewer Großreiches gebräuchlich wird.

5. Text: Sp. 29-32. – Quellen der Chronikerzählung über den Feldzug von 907 sind einerseits sagenhafte Überlieferungen, andererseits die historisch sehr zuverlässigen Texte der Verträge, die von dieser Zeit an zwischen den Griechen und den Russen geschlossen wurden. Die Russen konnten Konstantinopel – damals die stärkste Festung der Welt – nicht einnehmen; sie überzeugten sich davon, daß friedliche Handelsbeziehungen mit dem griechischen Kaiserreich letztlich gewinnbringender waren als kriegerische Beutezüge.

5,1. 6415 n. E. W. = 907 n. Chr.

5,2. Die Slowenen werden durch ein Versehen des Chronisten zweimal genannt. Zu den Völkernamen s. die Landkarte.

5,3. Die Tiwerzer, im Südwesten Rußlands, nahe der Donaumündung, in der Nachbarschaft griechischer Siedlungen lebend, konnten vielleicht auch Griechisch und konnten deshalb als Dolmetscher verwandt werden.

5,4. Der »Sund«, die ins Russische übernommene skandinavische Bezeichnung des Goldenen Horns, einer Bucht des Marmarameeres, die den Hafen von Konstantinopel bildet. Das Goldene Horn konnte durch eine Kette gesperrt werden.

5,5. Der heilige Demetrius, gest. 306, wird als heiliger Krieger besonders von den Soldaten verehrt.

5,6. Die Gríwna war die höchste Währungseinheit im alten Rußland. Ein Pferd kostete 2–3 Gríwnen. Die Griechen hätten, wenn die Zahlen stimmen würden, 960 000 Gríwnen zahlen müssen; wenn man eine Gríwna auf 500 DM berechnet, so bekommt man die phantastische Summe von 480 Millionen Mark.

5,7. Leo VI. regierte 886–912; sein Bruder Alexander war Mitregent. – Im weiteren folgt in der Chronik der Text des Vertrages, der nach dem Feldzug Olégs zwischen den Griechen und den Russen geschlossen wurde. In dem Vertrag wird der Handel zwischen beiden Staaten geregelt. – Zu Perún und Vólos s. zu 12,12 und 14,1.

5,8. Das Beiwort »der Weise« kennzeichnet Olég als Besitzer magischen Wissens und magischer Kraft. Darum betont der Chronist, daß die Menschen »heidnisch und unwissend« waren; sonst hätten sie Olég nicht einen solchen Beinamen gegeben. – In der Tat scheint unter Olég das Christentum in Rußland wieder untergegangen zu sein, das Askóld und Dir eingeführt hatten.

6. Text: Sp. 37 f. – Die Chronik berichtet unter dem Jahr 6420 (= 912 n. Chr.) über den Abschluß eines Friedens- und Handelsvertrages zwischen dem byzantinischen Kaiser und dem Fürsten Olég von Kiew. Nach Mitteilung des Vertragstextes erzählt der Chronist von der feierlichen

Verabschiedung der russischen Gesandten in Konstantinopel. Der Bericht zeigt, wie die Griechen diplomatische Beziehungen mit heidnischen Völkern zu missionarischen Zwecken nutzen.

6,1. 6420 n. E. W. entspricht dem Jahr 912 n. Chr. – Kaiser Leo der Weise regierte von 886–912.

7. Text: Sp. 38 f. – Das Sagenmotiv vom Tode des Helden durch sein eigenes Pferd ist weit verbreitet. Es findet sich in Skandinavien, England, Italien, Serbien. Aber selten ist diese Sage so schön erzählt wie hier. Gewiß stammt sie aus vorchristlicher Zeit. Der Glaube an ein waltendes Schicksal, das sich trotz menschlicher Gegenwirkung vollzieht, steht dem christlichen Vorsehungsglauben sehr fern. Es kommt hinzu, daß ein heidnischer Wahrsager es ist, der dieses Schicksal im voraus verkündet und dessen Spruch sich trotz des Hohnes des Helden vollzieht. Darum hält der Chronist es auch für nötig, im Anschluß an diese Erzählung aus biblischen und griechischen Quellen zu berichten, daß es ähnliche Geschehnisse auch sonst gegeben habe: daß auch heidnische Seher die Wahrheit vorausgesagt hätten, z. B. Bileam (4. Mose, Kap. 22–24). Der rationalistische Zweifel, den Olég den Worten der Weissagung gegenüber äußert, zeigt, daß der heidnische Schicksalsglaube nicht mehr uneingeschränkt gilt; aber die Tatsache, daß Olég das Pferd nach dem Spruch des Wahrsagers nicht mehr besteigt, beweist, daß er in der Tiefe seiner Seele der Weissagung doch glaubt; vollends bestätigt der Ausgang der Geschichte die Wahrheit der heidnischen Religion. Die Sage muß also in einem Milieu entstanden sein, das vom Christentum wenig berührt war. Als Entstehungszeit kommt deswegen am ehesten die Mitte des 10. Jahrhunderts in Frage. Púschkin hat im Jahre 1825 eine Ballade über das Sujet dieser Sage gedichtet (»Das Lied vom weisen Olég«).

7,1 Zum Zug Olégs gegen die Griechen s. o., Nr. 5. Dieser Feldzug ist auf 907 datiert. Die Befragung des Zauberers hat also schon einige Jahre vor 907 stattgefunden. Im ganzen liegen also zwischen der Befragung des Zauberers und dem Wunsch Olégs, von dem Verbleib des Pferdes zu erfahren, etwa zehn Jahre.

7,2. Vgl. dazu o., Nr. 2. – Die »große Wehklage« ist rituelle Totenklage beim Begräbnis eines Fürsten; vgl. zu 11,2 und 28,8.

8. Text: Sp. 54–60. – Den historischen Hintergrund der Erzählungen bildet die Auseinandersetzung zwischen der Zentralmacht des Kiewer Reiches – den Großfürsten von Kiew – und den Stammesfürstentümern, die sich der wirtschaftlichen Ausbeutung durch die Zentralmacht widersetzten. Die historischen Ereignisse werden aber in sagenhafter Form erzählt; offenbar sind in der uns vorliegenden Darstellung mehrere Erzähltraditionen miteinander vereint.

8,1. 6453 n. E. W. = 945 n. Chr. – Der im folgenden erwähnte Sswenéld war, wie im Verlauf der Chronikerzählung noch ausdrücklich gesagt

Anmerkungen

wird, Wojewode (= Heerführer) der Kiewer Fürsten in drei Generationen: unter Ígor, unter dessen Sohn Sswjatossláw und unter dessen Sohn Jaropólk. Unter den Jahren 945–975 wird er mehrfach erwähnt. Anscheinend hatte bisher Sswenéld mit seiner Gefolgschaft den Tribut bei den Derewljanen, dem nordwestlich von Kiew siedelnden ostslawischen Stamm, eingesammelt; dabei hatte seine Gefolgschaft sich bereichern können. Jetzt fordert die Gefolgschaft des Fürsten diesen auf, den Tribut selbst einzusammeln. – Zu den »Jungmannen« s. zu 20,3.

8,2. »Mal« heißt »klein«. Darum kann man das Wort hier auch als Adjektiv auffassen, dann heißt die Wendung: »mit ihrem Kleinfürsten«. Vgl. Nr. 8, Anm. 7.

8,3. Iskórosten, heute Kórosten, etwa 150 km westnordwestlich von Kiew.

8,4. Dieser Mstischa ist sonst nicht bekannt. Seine Nennung zeigt, daß die Erzählung in einem Lebenskreis entstanden ist, der unterschieden war von dem des Chronisten zu Beginn des 12. Jahrhunderts, denn der Chronist scheint auch nichts weiter über Mstischa zu wissen.

8,5. Iskórosten liegt an dem Fluß Ush, einem Nebenfluß des Prípet, dieser fließt oberhalb von Kiew in den Dnepr. Die Flüsse waren im alten Rußland die sichersten und bequemsten Verbindungswege.

8,6. Zur Boritschew-Auffahrt s. Nr. 2, Anm. 2.

8,7. Diesen Satz fügt der Erzähler hinzu, um zu verdeutlichen, daß »Mal« ein Name ist und nicht als Adjektiv im Sinne von »klein« aufzufassen. Vgl. Anm. 8,2.

8,8. Die Formel, die auch sonst in der altrussischen Literatur vorkommt, besagt: »Ich verzichte hiermit auf Blutrache.« Vgl. zu 21,7.

8,9. Das Boot, wie auch der Schlitten, dienten bei Bestattungen zum Transport der Leichen. Wenn die Gesandten sagten, wie Olga ihnen listig geboten hatte: »Tragt uns im Boot«, so bedeutete das im übertragenen Sinn: »Tragt uns zu Grabe!« Sie befahlen also ihre eigene Bestattung, und Ólga kann nicht beschuldigt werden, daß sie trotz ihres erklärten Verzichtes auf Blutrache die Gesandten der Derewljanen hat umbringen lassen. – Im übernächsten Satz ist die Wendung, die wir übersetzen »stolz sich brüstend in ihren großen Brustspangen«, unsicher in ihrer Bedeutung.

8,10. Eine griechische Quelle (Leo Diaconus) berichtet, daß Ígor von den Derewljanen in der Weise getötet worden sei, daß sie ihn zwischen zwei herabgebogenen Bäumen festgebunden und von den zurückschnellenden Bäumen hätten zerreißen lassen. Vielleicht setzt unsere Stelle die Kenntnis dieses Sachverhaltes voraus. – Die folgende Rachehandlung der Ólga ist im Grunde wieder eine Überlistung. Die Waschung der Gesandten vor der Audienz kann kultische Bedeutung haben; darum widersetzen sich die Gesandten dieser Forderung auch nicht. Daß sie dabei umkommen, kann als Unglücksfall betrachtet werden. Vielleicht war in der ursprünglichen Form der Erzählung nur gesagt, daß das Badehaus überheizt worden sei; das Anzünden ist nach dieser Nachricht eigentlich überflüssig, es wäre auch eine offenkundige Verletzung des Gast- und Gesandtenrechtes, es wäre einfach Mord. Diesen aber vermeidet die listige Ólga. Auch die dritte Rache der Ólga scheint nach der ursprünglichen Erzählung mit Hilfe einer List durchgeführt zu sein. Die im jetzigen Text nicht ganz klaren Worte, daß Ólga bei der Feier »beiseite geht«, deuten darauf hin. Vielleicht sollte es den Anschein haben, als hätten ihre Jungmannen aus eigenem Antrieb die Derewljanen erschlagen, vielleicht aus Anlaß einer Schlägerei, die unter dem Einfluß des reichlich genossenen Alkohols entstanden war.

8,11. 6454 n. E. W. entspricht dem Jahr 946 n. Chr.

8,12. Da der Speerwurf des kindlichen Fürsten militärisch gesehen sinnlos ist, hat er offenbar magische oder symbolische Bedeutung. Vielleicht ist eine ursprünglich ausführlichere epische Erzählung in dem Chronikbericht so stark verkürzt, daß der ursprüngliche Sinn der Episode nicht mehr erkennbar ist.

9. Text: Sp. 60–62. – In der Erzählung Nr. 8 wurde Ólga als kluge, listige, rachsüchtige Frau dargestellt; es gibt über sie aber auch eine andere Tradition. Sie war die erste Fürstin der Rurikiden-Familie, die sich taufen ließ. Darum gilt sie als Vorläuferin des russischen Christentums und wird in der russischen Orthodoxen Kirche als Heilige verehrt. Ihr Festtag ist der 9. Juli. – Der vorliegende Bericht über ihre Taufe in Konstantinopel ist historisch wenig zuverlässig. Wahrscheinlich hatte Ólga sich schon in Kiew taufen lassen, bevor sie im Jahre 957 nach Konstantinopel reiste und hier ehrenvoll empfangen wurde. Die Chronikerzählung berichtet über die Taufe einerseits in sehr konventioneller, hagiographisch stilisierter Weise; andererseits bringt sie ganz weltliche, sagenhafte Motive in die hagiographische Legende hinein: Wie früher der Fürst der Derewljanen, so bemüht sich jetzt der byzantinische Kaiser um die Hand Ólgas, aber auch er wird von Ólga überlistet. Während Ólgas Reise nach Konstantinopel historisch verbürgt ist, entbehrt die Brautwerbungssage jeder historischen Grundlage. Der Kaiser, der sie dort empfing, war verheiratet. Die sagenbildende Phantasie war von der Gestalt der klugen und energischen Fürstin fasziniert.

9,1. 6463 n. E. W. = 955 n. Chr. – Zargrad ist Konstantinopel. Kaiser war dort Konstantin VII. (913–959), Sohn Leos VI.

9,2. »Die Stadt« schlechthin ist für die Byzantiner Konstantinopel.

9,3. Gemeint ist: Der Kaiser war Taufpate. Dadurch war ein geistliches Verwandtschaftsverhältnis zwischen dem Kaiser und der Fürstin hergestellt, das nach orthodoxem Kirchenrecht eine Ehe zwischen ihnen verbot. Daran hatte der Kaiser der Sage nach nicht gedacht, als er einwilligte, ihr Taufpate zu sein, und so hatte sie ihn überlistet.

9,4. Die Taufe wird als Erleuchtung aufgefaßt.

9,5. Oléna = Helena; so hieß auch die Mutter Konstantins des Großen. Die Täuflinge erhielten in der Taufe einen neuen, christlichen Namen, der der Name eines christlichen Heiligen war. Sie wurden aber im

Anmerkungen

gewöhnlichen Leben weiterhin durch ihren Rufnamen bezeichnet; im allgemeinen wurden die Taufnamen nur in christlichen Zeremonien benutzt. – Ólga erhielt ihren Taufnamen wahrscheinlich nach der Gemahlin des damals herrschenden Kaisers, Konstantin VII., die in Wirklichkeit ihre Taufpatin gewesen sein dürfte.

9,6. Auch wenn der Kaiser nicht Taufpate der Olga war, kann er sie »Tochter« genannt haben. Die mit Byzanz verbündeten Herrscher wurden je nach ihrer Bedeutung in ein näheres oder ferneres fiktives Verwandtschaftsverhältnis mit dem Kaiser gebracht. Eine solche »Ernennung« zur Tochter des Kaisers kann hier gemeint sein.

9,7. Gal. 3, 27; zu den folgenden Beispielen der Bewahrung aus dem Alten Testament vgl. Gen. 5, 18–24; Gen. 6–9; Gen. 20–21; Gen. 19; Ex. 2 und 14; 1. Kön. 19 ff.; Dan. 3; Dan. 6.

9,8. 1. Kön. 10.

9,9. Spr. 8, 17; das folgende Spr. 1, 20–22; der slawische Text weicht hier ab von dem der hebräischen Bibel; er folgt dem der griechischen Übersetzung des Alten Testaments (»Septuaginta«). Der letzte Satz, der nicht bis zum Ende zitiert wird, geht in der Septuaginta weiter: ». . . werden sie nicht zuschanden werden.«

9,10. Mt. 13, 46. Das folgende aus Spr. 13, 19; 2, 2; 8, 17.

9,11. Joh. 6, 37.

9,12. Die Potschájna ist der Flußarm des Dnepr, der in Kiew als Hafen dient, ebenso wie der Sund (das Goldene Horn) in Konstantinopel. Offenbar war in dem Versprechen der Gegengabe eine versteckte, von dem Kaiser nicht bemerkte Wendung enthalten gewesen, die die Gegengabe davon abhängig machte, daß der Kaiser sie selbst abholte. Wieder hat Ólga den Kaiser überlistet. – Der historische Hintergrund der Sage ist der Warentausch zwischen Rußland und Griechenland, der im allgemeinen, aber eben doch nicht immer, gut funktionierte.

9,13. Vgl. 1. Kor. 1, 18–23; weiterhin Ps. 81, 5; Jes. 6, 10; Spr. 13, 19; Spr. 1, 24 f.; Spr. 1, 29 f.

9,14. »Gesetz« hier im umfassenden Sinn von »religiöse Lebensordnung«; »Religion«.

9,15. Dtn. 21, 18–21. Lev. 20, 9.

9,16. Spr. 9, 7 f.

10. Text: Sp. 64 f. – Die Erzählung über die Kriegstaten Sswjatossláws entstammen offenbar dem Milieu der kriegerischen Gefolgschaft Sswjatossláws und seiner Nachfolger. Daß Sswjatosláw ein überaus tapferer Krieger und bedeutender Feldherr war, bezeugen auch griechische Quellen.

10,1 6472 n. E. W. = 964 n. Chr.

10,2. Die Wendung besagt: »mit leichtem Gepäck«, »ohne Troß«, dadurch überfiel er seine Kriegsgegner »wie ein Panther«, d. h.: mit überraschender Schnelligkeit.

10,3. Die Wjatitschen – ein ostslavischer Stamm, südlich vom heutigen Moskau. Die Chasaren waren ein nomadisches Turkvolk, das vom 7. bis zum 10. Jh. zwischen Wolga und Don siedelte und einen starken Staat bildete. Die herrschende Schicht nahm im 9. Jh. den jüdischen Glauben an. Vgl. Nr. 3, Anm. 2, und Nr. 16, Anm. 5.

10,4. 6473 n. E. W. = 965 n. Chr.

10,5. »Kagan« war bei den Chasaren der Titel der Fürsten; er wurde im alten Rußland gelegentlich auch für russische Fürsten gebraucht.

10,6. »Béla Wésha« heißt »Weißer Turm« oder »Weißes Haus«; es ist die russische Namensform für die chasarische Festung Ssarkél, die um 833 mit Hilfe eines byzantinischen Architekten am linken Ufer des unteren Don, im Gebiet des heutigen Stausees vom Zimljánsk, erbaut worden war. – »Jassen« und »Kassogen« sind die altrussischen Bezeichnungen für Alanen (oder Osseten) und Tscherkessen; die Jassen lebten zwischen Don, Wolga und Kaukasus, die Kassogen am Nordwestrand des Kaukasus, in der Umgebung der russischen Festung Tmutorokán (s. u., Nr. 22).

10,7. 6474 n. E. W. = 966. Zu den Wjatitschen s. o., Anm. 3. Nachdem Sswjatossláw die Schutzmacht besiegt hat, der die einzelnen Stämme tributpflichtig waren, muß er diese selbst von neuem unterwerfen.

10,8. 6475 n. E. W. = 967 n. Chr.

10,9. Perejásslawez, die russische Namensform der bulgarischen Stadt Presslawez, an der Donau. Die genaue Lage des damals bedeutenden Handelsplatzes ist nicht bekannt. Sswjatossláw hatte 967 auf Aufforderung des byzantinischen Kaisers Nikephoros Phokas Bulgarien angegriffen und hatte es besiegt und sich nun gegen den Willen des Kaisers dort festgesetzt und mit den Bulgaren gegen Byzanz verbündet. In der Chronik folgt unter dem Jahr 6476 (= 968) eine Erzählung über die Belagerung Kiews durch die Petschenegen.

11. Text: Sp. 67–69. Der Anfang des Artikels stammt aus der historisch-militärischen Erzählung über Sswjatossláw; der Bericht über den Tod der Ólga dagegen steht, wie der über ihre Taufe (oben, Nr. 9), in der hagiographischen Tradition.

11,1. 6477 n. E. W. = 969 n. Chr. zu Perejásslawez s. Nr. 10, Anm. 9.

11,2. Nach dem Heiligenkalender der russischen Kirche ist Olga am 11. Juli 969 gestorben. Mit der »großen Klage« ist die rituelle Totenklage gemeint, s. o., zu 7,2.

11,3. Ursprünglich war in der Erzählung wohl gesagt, *wo* Ólga begraben war. Da ihre Gebeine später in die Zehntkirche übertragen wurden, war die Überlieferung über den ursprünglichen Begräbnisort vielleicht unsicher geworden oder verloren gegangen.

11,4. Mit »Totenfeier«, russ. »tryzna« ist die heidnische rituelle Totenfeier gemeint, die mit Spielen, Wettkämpfen und reichlichem Genuß berauschender Getränke verbunden war. Vgl. die Beschreibung einer solchen Totenfeier in dem Bericht über Ólgas dritte Rache, oben, Nr. 8.

11,5. Vgl. Röm. 13, 14; Gal. 3, 27; Eph. 4, 24; Kol. 3, 9 f.

11,6. Der den Seligpreisungen (Mt. 5, 12) nachgebildete Aufruf, sich zu freuen, ist traditionell im liturgischen Lobpreis der Heiligen. Vgl. den Lobpreis auf Boris und Gleb, u., Nr. 20, Anm. 24, und auf Feodóssij, Nr. 29, Anm. 16.

11,7. Weish. 3, 1–4.

11,8. Spr. 29, 2.

11,9. 1. Sam. 2, 30. Dieses Bibelwort wird oft zitiert, wenn von Wundern die Rede ist, die Gott an seinen Heiligen oder durch seine Heiligen wirkt. Vgl. Nr. 19, Anm. 8, und Nr. 29, Vorbemerkung.

11,10. Ps. 112 (111), 6–8.

11,11. Weish. 5, 15 f.

12. Text: Sp. 69–74. – Die Erzählung schildert die kriegerische Auseinandersetzung zwischen Sswjatossláw und den Griechen und den Untergang Sswjatossláws. Die Nachrichten entstammen zum größten Teil mündlicher, sagenhafter Tradition, die den wirklichen Gang der Ereignisse kaum noch erkennen läßt; aber in diese sagenhafte Erzählung ist ein wertvolles historisches Dokument eingefügt: ein Teil der Kapitulationsurkunde, die der von den Griechen besiegte Sswjatossláw unterzeichnen mußte, ehe ihm freier Abzug gewährt wurde. Aus dieser Urkunde hat der Chronist einige historische Geschehnisse abgeleitet, die er mit der sagenhaften Überlieferung in Übereinstimmung zu bringen sucht. In Wirklichkeit haben sich die Ereignisse folgendermaßen abgespielt: 967 kam Sswjatossláw, von den Griechen gegen die Bulgaren zu Hilfe gerufen, nach Bulgarien und besiegte Bulgarien. Aber er überließ es nicht den Griechen, sondern hatte offenbar in der Tat Lust, das Zentrum seines gewaltigen Reiches hierher zu verlegen. 969 kam er nach einem kurzen Aufenthalt in Kiew nach Bulgarien zurück und machte Anstalten, gegen Konstantinopel zu ziehen. Der inzwischen zur Herrschaft gelangte Kaiser Johannes Tzimiskes (969–976) kam ihm jedoch zuvor. Er eroberte im April 971 die bulgarische Hauptstadt Groß-Presslaw und schloß dann Sswjatossláw in der Donaufestung Silístria (Dorostól) ein. Ende Juli 971 mußte Sswjatossláw kapitulieren. Er verpflichtete sich, Bulgarien zu verlassen. Auf dem Rückweg nach Kiew wurde er, im Frühjahr 972, an den Dnepr-Stromschnellen von den Petschenegen erschlagen.

12,1. 6479 n. E. W. = 971 n. Chr. – Zu Perejásslawez s. o., Nr. 10, Anm. 9.

12,2. Gemeint ist Konstantinopel.

12,3. Der griechische Kaiser. »Bojaren« hießen bei den Russen die Angehörigen des Hochadels.

12,4. Vgl. hierzu die griechische Sage, in der erzählt wird, wie Achill, den man zu Beginn des Trojanischen Krieges in Frauenkleidern verborgen hält, dadurch entdeckt wird, daß er Frauenschmuck, den man ihm vorlegt, mißachtet und zu den daneben liegenden Waffen greift.

12,5. Unter »großem Lobpreis« ist der festliche Empfang des heimkehrenden Siegers zu verstehen. – Hiermit dürfte der sagenhafte, epische Bericht über Sswjatossláw geendet haben. Das folgende wird der Chronist aus dem ihm vorliegenden Text des Vertrages, der zwischen Sswjatossláw und den griechischen Kaisern geschlossen wurde, entnommen haben.

12,6. Russische Bezeichnung der Stadt, die in der Antike Durostorum, dann (bis zum Ende des 14. Jahrhunderts) Dorostól hieß; heute Silístria, am südlichen Ufer der Donau; bis zum Ende des 11. Jh. eine der wichtigsten Städte Bulgariens. Für Sswjatossláw war es eine wichtige Operationsbasis, s. die Einleitung zu diesem Abschnitt.

12,7. Die Petschenegen, ein nomadisches Volk in der südrussischen Steppe, mit den Russen meist in Feindschaft lebend, mit den Griechen häufig verbündet.

12,8. Zu Sswenéld s. o., Nr. 8, Anm. 1. Der Sýnkellos war ein hoher Beamter des griechischen Kaisers, eine Art Kanzler. Zu dem Kaiser Johannes Tzimiskes s. die Einleitung. Dorostól ist dasselbe wie Durostorum, s. Anm. 6.

12,9. Das heißt: Was ich mündlich beschworen habe, bekräftige ich durch die Unterschrift.

12,10. Johannes Tzimiskes hat die Kaiserherrschaft für die unmündigen Söhne des 963 verstorbenen Kaisers Romanos, Basilius II. und Konstantin, geführt. Über diese beiden s. u. Nr. 17, Anm. 3 und die Vorbemerkung zu Nr. 18.

12,11. Kórssun, griech. Chérson, auf der Krim, s. Nr. 1, Anm. 1.

12,12. Namen slawischer Götter; vielleicht hat der Chronist sie dem ihm vorliegenden Text des Vertrages eingefügt. Vgl. zu 5,7 und 14,1.

12,13. »vollzogen«: durch Schwur und Unterschrift bekräftigt.

12,14. Die »Schwellen« sind die Stromschnellen des Dnepr.

12,15. Wojewode = Heerführer. Zu Sswenéld s. o., Nr. 8, Anm. 1. Sswenéld empfiehlt dem Fürsten also, nicht auf dem bequemeren Wasserweg von Bulgarien nach Kiew zurückzukehren, sondern auf dem sichereren, aber beschwerlichen Landweg. Der Fürst muß es mit seinem Leben bezahlen, daß er auf den guten Rat nicht hört.

12,16. Beloberéshje: das Ufer des Schwarzen Meeres zwischen den Mündungen des Dnestr und des Dnepr; im engeren Sinn die der Dnepr-Mündung vorgelagerte Eleutherius-Insel.

12,17. Zur Griwna s. o., Nr. 5, Anm. 6. – Das Jahr 6480 n. E. W. entspricht dem Jahr 972 n. Chr. – Sswenéld war, seinem Rat an Sswjatossláw entsprechend, auf dem mühseligen Landweg von Bulgarien nach Kiew zurückgekehrt. Jaropólk war der älteste der drei Söhne Sswjatossláws. Über ihn s. weiterhin unten, Nr. 13.

Anmerkungen 97

13. Text: Sp. 75–78. – Unter den Jahren 975–977 erzählt die Chronik, wie es zur Feindschaft unter den Söhnen Sswjatossláws kam. Jaropólk, der in Kiew herrscht, zieht gegen seinen Bruder Olég, der im Lande der Derewljanen (s. o., Nr. 8) Fürst ist. Dieser fällt im Kampf. Daraufhin fürchtet Wladímir in Nówgorod, daß ihm das gleiche drohe, und flieht über das Meer zu den »Warägern«, d. h. den Schweden. Jaropólk ergreift nun auch in Nówgorod die Herrschaft, die er durch einen Statthalter ausüben läßt. – Die Erzählung entstammt weltlicher Erzähltradition, die an den Geschicken des herrschenden Hauses interessiert ist. Einige erbauliche Reflexionen, die deutlich als Zutat des Chronisten erkennbar sind, haben wir ausgelassen.

13,1. 6488 n. E. W. = 980 n. Chr. – »Wolodímer« ist die altrussische Namensform, »Wladímir« die kirchenslawische. Die letztere hat sich erst im späten Mittelalter in Rußland durchgesetzt.

13,2. Pólozk liegt in der Düna, die bei Riga in die Ostsee mündet. Offenbar hatte sich dort ein anderes, von den Rurikiden unabhängiges warägisches Fürstengeschlecht niedergelassen. – Rognéd, die Tochter des Rogwolod, will Wladímir nicht heiraten, da dieser von einer anderen, offenbar nicht als ebenbürtig geltenden Frau stammt als seine Brüder Jaropólk und Olég. – Die »Schuhe ausziehen« ist offenbar ein symbolischer Ritus, den die neuvermählte Frau an ihrem Ehemann auszuführen hat. – Um Wladímir haben sich verschiedene Brautwerbungs- und andere erotische Sagen gebildet, die nur bruchstückweise überliefert sind, wie etwa in der vorliegenden Erzählung.

13,3. Zu den Völkernamen s. o., Nr. 3 und Nr. 5.

13,4. Blud ist der Wojewode des Jaropólk, der Nachfolger des Sswenéld (s. o., Nr. 8 und Nr. 12). – Dorogoshitschi: Gelände nördlich von Kiew, bei der heute noch existierenden Kirche des hl. Kyrill, an der Ausfallstraße nach Norden. – Das heute noch gebräuchliche Wort »kápischtsche«, altrussisch »kapitsche« bedeutet »Götzentempel«, »heidnische Kultstätte«. Hier ist es ein Geländename, offenbar Platz einer zur Zeit des Chronisten kaum noch existierenden heidnischen Kultstätte zwischen Dorogoshitschi und Kiew. – Die Angabe, daß die Schanze »dort ist bis zum heutigen Tage«, zeigt, daß zwischen der Zeit des Chronisten und der des Ereignisses, das er beschreibt, ein erheblicher Abstand besteht.

13,5. Rodnja, heute nicht mehr existent, nicht sicher lokalisiert. Die Ros ist ein rechter Nebenfluß des Dnepr, etwa 160 km südöstlich von Kiew in den Dnepr mündend.

13,6. Der Palasthof war erwähnt in der Geschichte von Olgas Rache, oben, Nr. 8, S. 17.

13,7. An früherer Stelle der Chronik, unter dem Jahre 977, war berichtet worden: »Jaropólk hatte eine Griechin zum Weibe, und sie war Nonne gewesen; denn sein Vater Sswjatossláw hatte sie herbeigeführt, und er gab sie dem Jaropólk zum Weibe wegen der Schönheit ihres Gesichtes.«

– Der Sohn dieser Griechin war Sswjatopólk, der Mörder seiner Halbbrüder Borís und Gleb. Auf die Geschichte ihrer Ermordnung wird hier schon angespielt (s. u., Nr. 20,1).

14. Text: Sp. 79 f. Der Text malt das Leben Wladímirs vor seiner Taufe in schwarzen Farben. Offenbar übertreibt er, um das fromme Leben nach der Taufe um so heller erstrahlen zu lassen. Aber richtig ist an der Darstellung, daß Wladímir, bevor er Christ wurde, den Kult der heidnischen Götter gefördert hat. Daß er nicht nur mehrere Ehefrauen hatte, sondern darüber hinaus ein großer »Liebhaber der Weiber« war, wird auch von seinem Zeitgenossen, dem deutschen Bischof Thietmar von Merseburg bezeugt. Freilich wird der Chronist auch hier übertreiben. Der Vergleich mit Salomo deutet an, woher die Klischees stammen (vgl. 1. Kön. 11). Aber der Schluß zeigt, daß dieser Vergleich für Wladímir spricht: Er war *zuerst* Sünder und unverständig, *dann* fand er die Errettung; bei Salomo war es umgekehrt.

14,1. Über die heidnische Religion der Slawen ist wenig bekannt, die Namen der Götter sind z. T. schwer deutbar. Der Chronist sieht in den heidnischen Göttern Dämonen.
14,2. Vgl. Jes. 42, 17.
14,3. Vgl. Ps. 106 (105), 37–39.
14,4. Ez. 33, 11.
14,5. Über die Gründung dieser Kirche, s. u., Nr. 18 (S. 43).
14,6. Über Rogned s. o., Nr. 13, Anm. 2; die Lybed ist ein rechter Nebenfluß des Dnepr, südwestlich vom alten Kiew; im Tal dieses Flusses verläuft jetzt die nach Moskau führende Eisenbahnlinie. Nach dem Namen dieses Flusses hat die Sage die Schwester des Kij benannt (s. o., Nr. 2). Predsslawino wurde der an diesem Fluß gelegene Landsitz offenbar nach Wladímirs Tochter Predsslawa genannt, die in der Erzählung über Borís und Gleb erwähnt wird (u., Nr. 20, Anm. 19); zu der griechischen Frau Wladímirs s. o., Nr. 13, Anm. 7; zu der Bulgarin, der Mutter von Borís und Gleb s. u., Nr. 20, Vorbemerkung; Wyschegórod war eine Festung 15 km nördlich von Kiew, Berestowo ein Landsitz 5 km südlich von Kiew; Bélgorod eine Stadt und Festung, etwa 10 km südwestlich von Kiew, heute ein Dorf, Belgorodka.
14,7. 1. Kön. 11, 3.
14,8. Ps. 146, 5. – In der Chronik folgt ein ausführliches Zitat aus den Sprüchen Salomos, Kap. 5 (Warnung vor Unzucht) und Kap. 31 (Lob der tugendsamen Ehefrau).

15. Text: Sp. 82 f. – Die Waräger, die aus Schweden stammenden kriegerischen Kaufleute, kamen auf ihren Raub- und Handelszügen in das Gebiet des oströmischen Reiches oder als Söldner im Dienst der byzantinischen Kaiser früh in Beziehung zum Christentum; manche von ihnen ließen sich taufen und kamen damit in Gegensatz zu ihrer heidnischen

Anmerkungen

Umgebung; vgl. dazu auch die Erzählung Nr. 9, über Sswjatossláws Beziehung zum Christentum.

15,1. 6491 n. E. W. = 983 n. Chr. – Die Jatwjagen oder Jatwinger waren ein baltischer Volksstamm, der zwischen Ostpreußen und dem Bug ansässig war.

15,2. Die Zehntkirche in Kiew, erbaut von Wladímir d. Hl. in den Jahren 988–996 als Hauptkirche der Stadt Kiew und des Reiches, in der Wladímir bestattet worden ist (s. Nr. 19, Anm. 4). Sie war der Gottesmutter geweiht. »Zehntkirche« hieß sie, weil Wladímir ihr den zehnten Teil seiner Einkünfte übereignet hat. Die Kirche ist 1240 bei der Eroberung Kiews durch die Tataren zerstört worden (s. Nr. 32). Ihre Grundmauern sind auf dem Platz vor dem Historischen Museum (Wladímir-Straße 2) zu erkennen.

15,3. Der Chronist verwendet für die Komposition dieser Rede alttestamentliche Aussagen über die Nichtigkeit des Götzendienstes, vgl. vor allem Jes. 44, 9–20, Jer. 10, 3–16, Ps. 115, 4–8 (113, 12–15). Diese Äußerungen über die heidnischen Götter, daß sie völlig nichtig seien, stehen in einem gewissen Widerspruch zu dem folgenden Satz, der in den heidnischen Göttern Dämonen sieht. Vgl. o., Nr. 14.

15,4. Hosea 2, 25; Röm. 9, 25; 1. Petr. 2, 10.

15,5. Ps. 19 (18), 5. Diese Psalmworte werden in der Ostkirche auf die Apostel bezogen. – Die Aussage des folgenden Satzes steht in Widerspruch zur Andreas-Legende (o., Nr. 1).

15,6. Im altrussischen Text folgt ein unverständliches Wort.

16. Text: Sp. 84–106. – Die folgenden Erzählungen über die Christianisierung Rußlands gehören nach Thema, Stil und Herkunft eng zusammen. Sie sind weitgehend legendären Charakters und beruhen teilweise auf einer älteren Erzählung (wahrscheinlich byzantinischer Herkunft) über die Missionierung eines heidnischen Fürsten durch griechische Missionare. Sie schildern die Ereignisse in sagenhafter Vereinfachung und in legendärer Stilisierung. Aber manches wird dabei doch richtig gesehen. Die Erzählungen sehen richtig, daß es in der Umgebung des damals noch heidnischen russischen Reiches verschiedene Hochreligionen gab, die sich gewiß auch in der einen oder anderen Weise bemüht haben, den russischen Fürsten und durch ihn das russische Volk für ihre Religion zu gewinnen; richtig sehen sie auch, daß es in Rußland selbst Bestrebungen gab, sich der einen oder der anderen dieser Religionen anzuschließen; endlich haben sie auch darin recht, daß das griechische Christentum in diesem Wettstreit der Religionen aus geopolitischen und kulturellen Gründen von Anfang an die besten Erfolgsaussichten hatte. Der Chronist versteht die politischen Ereignisse, die zur Taufe Wladímirs geführt haben, nicht in ihrem inneren Zusammenhang zu erfassen; aber er weiß doch, daß die Verschwägerung Wladímirs mit dem byzantinischen Kaiserhaus dabei eine wichtige Rolle gespielt hat. Die anschauliche Erzählung der Chronik über die Taufe

Rußlands hat das nationale und konfessionelle Selbstbewußtsein der russischen Kirche stark geprägt.

16,1. 6494 n. E. W. = 986 n. Chr. – Mit den »Bulgaren« sind die Wolgabulgaren gemeint, die an der mittleren Wolga und am Unterlauf der Káma lebten. Sie waren seit Anfang des 10. Jh. Mohammedaner. – Die Darstellung des Islam in dieser und der folgenden Erzählung ist (ebenso wie die des Judentums und des westlichen Christentums) höchst unzulänglich und weitgehend falsch.

16,2. In der Zeit der Ottonen, von der hier die Rede ist, war die Verbindung zwischen dem deutschen Kaiser und dem Papst so eng, daß die Wendung »Deutsche von Rom« nicht ganz unzutreffend ist.

16,3. Vgl. hierzu die Worte des christlichen Warägers in der Erzählung Nr. 15.

16,4. 1. Kor. 10, 31.

16,5. Diese Antwort spielt an auf die gescheiterte Missionsgesandtschaft, die Otto d. Gr. 960 nach Kiew geschickt hatte. Zu den im folgenden Satz genannten Chasaren s. o., Nr. 10, Anm. 3. Die Chasaren waren zu der Zeit, als unsere Erzählung spielt, politisch und militärisch so geschwächt, daß eine Mission, wie sie hier geschildert wird, kaum denkbar ist. Siehe dazu S. A. Pletnjowa, »Die Chasaren«, Wien, 1979, S. 140 f. – Auch die Antwort, die sie im folgenden auf Wladímirs Frage, wo ihr Land sei, geben, entspricht nicht der Situation: Das Land der Chasaren, auch wenn sie sich zur mosaischen Religion bekannten, war ja nicht Palästina. Diese Episode der Erzählung stammt offenbar aus jener älteren Missionserzählung, die Verhältnisse voraussetzt, wie sie vor der Eroberung Palästinas durch die Araber (634) bestanden hatten.

16,6. Der Slawenlehrer Konstantin (Kyrill) hatte den Beinamen »der Philosoph«. Vielleicht liegen in dieser legendären Erzählung über die Missionsgesandtschaft der Griechen Reminiszenzen an ihn vor, da er einerseits an mehreren Religionsgesprächen mit fremdgläubigen ausländischen Fürstenhöfen beteiligt und andererseits als Slawenlehrer bekannt war und als Heiliger verehrt wurde. In Wirklichkeit hatte Konstantin mit den Ereignissen um die Taufe Wladímirs nichts zu tun; er war damals schon mehr als hundert Jahre tot (gestorben 869).

16,7. Gen. 19, 24 f.

16,8. Der Streit um die Frage, ob beim Abendmahl gesäuertes oder ungesäuertes Brot zu verwenden sei, entstand erst 1053 in den Auseinandersetzungen, die zum Schisma von 1054 führten. Es ist ein Anachronismus, wenn er hier schon unter dem Jahre 986 als wichtiges Unterscheidungsmerkmal zwischen Ost- und Westkirche angeführt wird.

16,9. Der Wortlaut des Einsetzungsberichtes folgt nicht den Abendmahlsberichten des Neuen Testaments, sondern dem der orthodoxen Liturgie.

16,10. Jerusalem wurde 70 n. Chr. von den Römern zerstört; wenn der Tod Christi auf 46 Jahre vor der Zerstörung Jerusalems datiert wird, so kommt man auf das Jahr 24. Vielleicht ist statt »46« zu lesen »36«.

Anmerkungen 101

16,11. Es folgt, auf den Spalten 87–106, eine ausführliche Darstellung der Heilsgeschichte von der Erschaffung der Welt bis zum Jüngsten Gericht.

17. Text: Sp. 106–108. – Die Erzählung ist die Fortsetzung von Nr. 16. Eine gewisse Inkonkruenz besteht darin, daß hier von den mosaischen Chasaren nicht mehr die Rede ist, s. Nr. 16, Anm. 5. – Die Erzählung zeigt die große Bedeutung, die in der russischen Kirche der Schönheit des Kultus beigemessen wird. Vgl. dazu Solowjew, »Deutsche Gesamtausgabe«, Bd. 5, S. 45.
17,1. 6495 n. E. W. = 987 n. Chr. – Zu »Gesetz« s. o., zu 9,14.
17,2. Zargrad = »Kaiserstadt« = Konstantinopel, s. Nr. 2, Anm. 3.
17,3. Die Brüder Basilius II. (976–1025) und Konstantin VIII. (–1028) regierten nominell gemeinsam; in Wirklichkeit regierte Basilius allein.

18. Text: Sp. 109–119. – Während die Erzählungen Nr. 16 und 17 wenig Stoff enthielten, der auf bestimmte Ereignisse der russischen Geschichte Bezug nahm, ist die Erzählung über die Taufe Wladímirs und die Taufe der Bevölkerung von Kiew voll von konkreten historischem Material. Der Chronist weiß, daß die Taufe Rußlands politische Hintergründe hat, aber er kennt nicht den wahren Zusammenhang der Ereignisse, der uns aus dem Bericht eines arabischen Historikers (Jachja von Antiochien, gestorben nach 1066) bekannt ist. Gegen die jungen byzantinischen Kaiser Basilius und Konstantin (s. o., Nr. 12, Anm. 10 und Nr. 17, Anm. 3) hatte sich ein Thronprätendent (Bardas Phokas) erhoben; dieser hatte ganz Kleinasien in seine Gewalt bekommen. In höchster Not wandten sich die byzantinischen Kaiser an Wladímir mit der Bitte um Waffenhilfe. Der forderte als Gegenleistung die Hand der Schwester der Kaiser, der Prinzessin Anna. Die Kaiser willigten ein unter der Bedingung, daß Wladímir sich taufen lasse. Wladímir ging darauf ein und sandte im Sommer 988 sechstausend Krieger nach Byzanz. Mit ihrer Hilfe überwand Basilius im Frühjahr 989 den Usurpator. Den Feldzug nach Kórssun hat Wladímir wahrscheinlich nicht als Gegner, sondern als Verbündeter der Kaiser unternommen; offenbar stand diese griechische Stadt auf der Seite des Usurpators gegen die rechtmäßigen Kaiser. Wahrscheinlich war Wladímir schon vor dem Feldzug gegen Kórssun in Kiew oder in der Umgebung von Kiew von einem griechischen Bischof getauft worden. (Zum inneren Zusammenhang und zur zeitlichen Abfolge aller dieser Ereignisse siehe den Aufsatz von Andrzej Poppe »The Political Background to the Baptism of Rus'«, in: A. Poppe, »The Rise of Christian Russia«, London, 1982.)
18,1. 6496 n. E. W. = 988 n. Chr. In Wirklichkeit fand der Feldzug im Jahre 989 statt. – Kórssun, griech. Chérson, auf der Krim. S. o., Nr. 1, Anm. 1.
18,2. Wassíljew, das heutige Wassilków, etwa 30 km südlich von Kiew an der Stugna. Es lag nahe, Wassíljew für den Ort zu halten, in dem Wladímir getauft wurde, da dieser Ort nach dem Taufnamen Wladímirs, Wassílij = griech. Basilius, heißt. Die Stelle zeigt, daß der Chronist mehrere

Versionen des Taufortes und damit auch der Taufgeschichte Wladímirs gekannt hat. Nach unserer Kenntnis und Auffassung der Geschehnisse hat der Chronist sich nicht für die richtige Version entschieden.

18,3. Es ist der Anfang des Nizänischen Glaubensbekenntnisses. In der Chronik folgt weiterhin ein anderes (von uns ausgelassenes) Glaubensbekenntnis, das des Michael Synkellos (um 760–846). Alsdann folgt eine Aufzählung der sieben von der Ostkirche anerkannten ökumenischen Konzile (325–787) mit kurzer Angabe ihrer dogmatischen Entscheidungen.
Die im Text weiterhin folgende Warnung vor den Lateinern spiegelt einen Stand, der antilateinischen Polemik, wie er in der Zeit der Taufe Wladímirs (66 Jahre vor Beginn des Schismas zwischen Ost- und Westkirche im Jahre 1054) noch nicht gegeben war. Sie dürfte aus der zweiten Hälfte des 11. Jahrhunderts stammen.

18,4. Nach einer ostkirchlichen Legende gilt Lukas als der erste Ikonenmaler. Das im folgenden verstümmelt wiedergegebene Wort des Kirchenvaters Basilius besagt: »Die Verehrung, die dem Bild erwiesen wird, geht über auf das Urbild«, d. h. auf denjenigen, der auf dem Bild dargestellt ist. Im Schisma zwischen Ost- und Westkirche spielte auch die Frage der Ikonenverehrung eine wichtige Rolle. – Wenn weiter behauptet wird, die Lateiner nennen die Erde »Mutter«, so geht dies vielleicht zurück auf die Verwandtschaft der lateinischen Worte »mater« und »materia«.

18,5. Auch hier finden sich Anachronismen. Athanasius war 325, als das Konzil in Nizäa gehalten wurde, noch nicht Patriarch von Alexandrien. – In gleicher Weise wird im Text der Nestorchronik über die weiteren ökumenischen Konzile bis zum siebenten einschließlich berichtet (von uns ausgelassen). Der im Text dann erwähnte Papst Petrus »der Stammler« oder »Stotterer« (russ. »Gugnivyj«) gehört in das Reich der Fabel.

18,6. In der vorliegenden, verstümmelten Form ist die Polemik nicht verständlich. Den Lateinern wird vorgeworfen, daß sie einerseits den Priestern verbieten, verheiratet zu sein; daß andererseits diese sich nicht nach dem Verbot richten, sondern daß die lateinischen Priester im Gegenteil ein zweites und sogar ein drittes Mal heiraten, wenn ihre erste bzw. zweite Frau gestorben ist, was den orthodoxen Priestern verboten ist. – Der im Text weiterhin folgende, letzte Vorwurf gegen die Lateinische Kirche betrifft das Ablaßwesen.

18,7. Nastás hatte den verräterischen Pfeil aus der belagerten Stadt abgeschossen, s. o. – Der heilige Papst Klemens I. hatte der Legende nach im Jahr 101 in Chérson das Martyrium erlitten.

18,8. »Kirche der heiligen Gottesmutter«: die Zehntkirche in Kiew, s. Nr. 15, Anm. 2. Die ehernen Pferde, vielleicht denen von Venedig ähnlich, sind leider nicht mehr vorhanden.

18,9. Zum Boritschew s. Nr. 2, Anm. 2 und 8,6. – Das altrussische, im heutigen Ukrainisch erhaltene Wort »rutschaj« (neurussisch »rutschéj«)

bedeutet »Bach«. Hier dient es offenbar als Name eines Baches, der die Unterstadt durchfloß und dort in den Dnepr mündete, oder einer Straße, die an diesem Bach entlangführte.

18,10. Jesus Sirach 11, 4.

18,11. Die »Schwellen« sind gewöhnlich die Stromschnellen des Dnepr, beim heutigen Dnepropetrowsk, etwa 450 km von Kiew entfernt. Es ist kaum denkbar, daß Wladímir seine »Männer« so weit dem Götzenbild hätte folgen lassen, zumal die Stromschnellen tief im Gebiet der mit den Russen verfeindeten Petschenegen lagen. Vielleicht ist eine jenseits der Stromschnellen liegende Sandbank dieses Namens nachträglich mit dem Kiewer Götzenbild verbunden worden, oder es liegt eine Verwechslung der Ortsangaben vor.

19. Text: Sp. 130 f. – Der Bericht über den Tod Wladímirs ist aus mehreren Quellen zusammengesetzt; es sind dies: erstens die Erzählung über den Konflikt zwischen Wladímir und seinem Sohn Jarosslaw (s. Anm. 1); zweitens der eigentliche Bericht über den Tod Wladímirs und der Lobpreis auf den Verstorbenen, wie er in den Chroniken häufig auf den Bericht über den Tod eines Fürsten folgt; drittens die Erzählung über die Ermordung von Borís und Gleb (s. u., Nr. 20), deren Vorgeschichte in den Bericht über den Tod Wladímirs eingeflochten ist.

19,1. 6523 n. E. W. = 1015 n. Chr. – Unter dem Jahre 1014 war erzählt worden, daß Jarosslaw, der in Nówgorod residierte, dem Vater den bisher üblichen Tribut verweigert habe. Daraufhin rüstet Wladímir zum Krieg gegen den unbotmäßigen Sohn; Jarosslaw wirbt schwedische Krieger an.

19,2. Borís herrschte in Rostów, im Nordosten Rußlands. Vielleicht wollte Wladímir mit ihm gemeinsame Maßnahmen gegen Jarosslaw verabreden. Andererseits könnte der Angriff der Petschenegen von Jarosslaw oder von Sswjatopólk veranlaßt worden sein; auch der letztere lebte mindestens zeitweise in heftigem Konflikt mit seinem Vater. Da Jarosslaw später siegreich gegen Sswjatopólk gekämpft hat und Herrscher in Kiew geworden ist und da die Chronik sehr freundlich über ihn berichtet (vgl. unten, Nr. 23), ist für uns nicht mit Sicherheit zu erkennen, wie die Geschehnisse wirklich abgelaufen sind.

19,3. Berestowo: Landsitz bei Kiew, s. o., Nr. 14, Anm. 6. – »Man verheimlichte ihn«: gemeint ist: Sswjatopólk verheimlichte vor seinen Brüdern den Tod des Vaters. Das Durchbrechen der Zimmerdecke hat nichts mit dem »Verheimlichen« zu tun. Es ist, ebenso wie die Überführung des Leichnams auf dem Schlitten, Teil des Beisetzungszeremoniells (vgl. Nr. 8, Anm. 9; 25, 3; 26, 6; 28, 8).

19,4. Die Zehntkirche in Kiew, s. o., Nr. 15, Anm. 2.

19,5. Der Chronist will sagen: Das Werk, das Wladímir vollbracht hat, nämlich die Taufe Rußlands, ist gleich dem Konstantins des Großen (gest. 337). Also ist er auch gleicher Ehren würdig, d. h.: auch er soll heiliggesprochen werden.

19,6. Röm. 5, 20. Es wird angespielt auf die Unzuchtsünden Wladímirs vor der Taufe, s. o., Nr. 14.
19,7. Gemeint ist: Wir sollten an seinem Todestag Gedächtnisgottesdienste für ihn halten.
19,8. Gott würde ihn verherrlichen durch Wunder, die an seinem Grabe geschähen, und er könnte dann heiliggesprochen werden (vgl. o., Nr. 11, Anm. 9). Nach dem folgenden Satz geht die Betrachtung über in eine Anrede des Verstorbenen.
19,9. Spr. 11, 7.

20. Text: Sp. 132–139. – Borís und Gleb waren in der Erzählung Nr. 14 unter den Söhnen Wladímirs genannt worden. Dort wurde berichtet, daß ihre Mutter eine Bulgarin war – vielleicht eine Wolgabulgarin, da die Brüder die den Wolgabulgaren (s. Nr. 16, Anm. 1) benachbarten Fürstentümer Rostów und Múrom als Herrschaftsgebiet erhielten. Nach der Erzählung, die auf den Bericht über den Tod Wladímirs folgt, wurden sie bald nach dem Tod ihres Vaters auf Befehl ihres älteren Bruders Sswjatopólk ermordet, der die Herrschaft in Kiew übernahm. Gegen diesen erhob sich Jarossláw, der bisher in Nówgorod herrschte, und er besiegte ihn nach wechselvollen Kämpfen endgültig im Jahre 1019. Jarossláw, der sich zum Rächer seiner ermordeten Brüder aufspielte, hat offenbar bald nach ihrem Tod ihre Kanonisierung betrieben. Als erste russische Heilige wurden sie durch den Metropoliten Ioánn, der sein Amt höchstens bis um 1035 innehatte, heiliggesprochen. Im Zusammenhang mit der Heiligsprechung entstanden die ersten Viten und liturgischen Dichtungen auf die Heiligen. Der Chronikbericht über ihre Ermordung ist die erste erhaltene Erzählung über sie. Eine zweite ist das sogenannte »Skasánije« (= »Erzählung«), deutsch bei Ernst Benz, »Russische Heiligenlegenden«, Zürich, 1953 (unveränderte Neuauflage 1983), und die Vita der heiligen Brüder, geschrieben von Néstor, einem Mönch des Höhlenklosters, wahrscheinlich zwischen 1079 und 1085, deutsch in: »Altrussische Heiligenlegenden«, hsg. von Konrad Onasch, Berlin, 1977. – Quellen der von uns übersetzten Chronikerzählung waren offenbar eine weltliche und eine hagiographische Erzählung über den Tod der Brüder. Durch die Zusammenfügung dieser beiden Quellen gibt es innerhalb der Erzählung Stilbrüche, Dubletten und Widersprüche. An die Erzählung schließt sich ein Lobpreis auf die Heiligen an, der, wie besonders aus dem letzten Satz des Lobpreises (dem Hinweis auf die Sänger) hervorgeht, aus liturgischer Tradition stammt und wahrscheinlich wesentlich jünger ist als die Erzählung, da er einen schon lange bestehenden Kult der Heiligen und viele von ihnen gewirkte Wunder voraussetzt.
20,1. Sswjatopólk, der in der russischen historischen Tradition den Beinamen »der Verfluchte« (»okajánnyj«) erhielt, war schon in der Erzählung Nr. 13 erwähnt. Hier war berichtet von seiner Abstammung von einer griechischen Nonne, und es war schon hingewiesen auf das,

was später durch und mit ihm geschehen sollte: »Aus sündiger Wurzel kommt böse Frucht« (vgl. Nr. 13, Anm. 7). Auch die Bemerkung in der Erzählung über den Tod Wladímirs, daß man den Tod verheimlicht habe, »denn Sswjatopólk war in Kiew«, wird erst im Zusammenhang mit unserer Erzählung deutlich: Sswjatopólk verheimlicht vor seinen Brüdern Gleb und Jarossláw, daß der Vater gestorben ist (vgl. Nr. 19, Anm. 3).

20,2. Die Alta ist ein Nebenfluß des Trubesh; dieser ist ein linker Nebenfluß des Dnepr, südöstlich von Kiew, an dem das »Südliche Perejásslawl« (heute: Perejásslaw Chmelnízkij) liegt. Hier, nahe der südlichen Grenze des Kiewer Reiches, lag die Ausgangsbasis für viele Feldzüge der Russen gegen die Steppennomaden.

20,3. »Jungmannen«: Bezeichnung der rangniedrigen Mitglieder der Gefolgschaft; zuerst erwähnt in Nr. 8 (S. 16).

20,4. »Kains-Sinn«: die Gesinnung des Brudermörders Kain (Gen. 4).

20,5. Wyschegórod, Festung und Fürstenresidenz 18 km nördlich von Kiew. – »Die jüngeren Bojaren« sind offenbar identisch mit den »Jungmannen«, vgl. Anm. 3.

20,6. Spr. 1, 16–19. Der Text ist gegenüber dem Bibeltext verkürzt und weicht etwas von ihm ab, auch von dem der »Septuaginta«, der griechischen Übersetzung des Alten Testamentes.

20,7. Die folgenden Psalmzitate stammen aus Ps. 3, 2; 38 (37), 3; 38 (37), 18; 143 (142), 1–3. – Alle diese Psalmverse stammen aus dem sogen. »Hexapsalm«, einer Folge von sechs Psalmen, die zum Beginn des Morgengottesdienstes gesungen wird.

20,8. Die folgenden Psalmzitate sind aus Ps. 22 (21) 13, 17; 7, 2.

20,9. Der Kanon ist eine liturgische Dichtung, die im Morgengottesdienst gesungen wird.

20,10. Apg. 7, 10, dort gesprochen von dem ersten christlichen Märtyrer, Stephanus. Damit wird Borís in die mit Stephanus beginnende Reihe der Märtyrer gestellt.

20,11. Zur »Gríwna« s. o., Nr. 5, Anm. 6. Die Gríwna war ursprünglich ein wertvolles Schmuckstück, das um den Hals getragen wurde.

20,12. Vielleicht wurde unter den in Wyschegórod oder an der Alta verehrten Reliquien auch das Haupt dieses Geórgij gezeigt. Die Erzählung erklärt, warum von ihm nur das Haupt vorhanden ist.

20,13. Der seltsame Widerspruch, den der Satz enthält, erklärt sich daraus, daß in der Erzählung mehrere, voneinander abweichende Quellen zusammengefügt sind; s. dazu die Einleitung.

20,14. Die Namen deuten auf fremde, nichtrussische Herkunft der Mörder. Talez gehört zu »tal« = »Geisel«; Jelowitsch deutet auf einen Angehörigen eines Turkvolkes, Ljaschko auf einen Polen. Zu den guten Beziehungen Sswjatopólks zu den Petschenegen und den Polen s. u., Nr. 21, Anm. 12.

20,15. 1. Kön. 22, 20.

20,16. Ps. 58 (57), 2–5.
20,17. Gleb, der jüngere Bruder des Borís. Er herrschte in Múrom, etwa 300 km östlich von Moskau, an der Oká gelegen; damals nahe der Ostgrenze Rußlands, gegen die Wolgabulgaren.
20,18. Da der direkte Weg von Múrom nach Kiew unwegsam und gefährlich war, benutzte man den Wasserweg; zuerst auf dem Landweg zur Wolga, dann wolgaaufwärts bis Rshew, von dort auf kurzem Landweg zum Dnepr, dann dneprabwärts über Ssmolénsk nach Kiew. Weil allein dieser Weg für die Reise in Frage kam, war es den Mördern ein leichtes, Gleb unterwegs aufzulauern.
20,19. Peredsslawa, offenbar eine der leiblichen Schwestern Jarossláws, vgl. o., Nr. 14, bei Anm. 6, und u., S. 52.
20,20. Auch dieser Mörder ist offenbar fremder Herkunft. Sein Name besagt, daß er Angehöriger eines Turkstammes war.
20,21. Ps. 133 (132), 1. Die weiterhin folgenden Zitate stammen aus Ps. 9, 18 und Ps. 37 (36), 14–20 (mit Auslassungen).
20,22. Ps. 52 (51), 3–7; dann Spr. 1, 26. 31.
20,23. »Zwischen zwei Baumstämmen«: zwei Baumstämme wurden ausgehöhlt und übereinandergelegt, der Tote lag also in einem auf der Erde stehenden Baumsarg. Die beiden anderen Erzählungen (s. Einleitung) berichten ausführlich, wie dieser Leichnam Jahre später, nachdem Sswjatopólk schon besiegt ist, gefunden und dann feierlich nach Wyschegórod überführt wird. In Wyschegórod wird Gleb zunächst neben seinem Bruder Borís außerhalb einer Kirche beigesetzt, dann mit ihm zusammen in eine neu gebaute Kirche überführt. Der jetzt folgende Lobpreis setzt voraus, daß diese Überführung längst geschehen ist.
20,24. Das Wort »Leidendulder« (russ. »strastotérpez«) bezeichnet einen Heiligen, der nicht, wie die Märtyrer im eigentlichen Sinn, um des Christusbekenntnisses willen getötet wird, der aber in der Nachfolge Christi »Leiden duldet«, Leiden auf sich nimmt. Zu der Anrede »Freuet euch« vgl. o., Nr. 11, Anm. 6.
20,25. »im Fleisch Engel«. Engel gelten als unfleischliche Wesen. Die Heiligen lebten wie Engel, obwohl sie fleischliche Wesen waren. Die Engel sind Diener Gottes, darum werden auch die Heiligen als »Diener« bezeichnet, aber mit einem stilistisch hohen Wort, das nur in übertragener Bedeutung gebraucht wird.
20,26. Das Purpurgewand kam Borís und Gleb als Herrschern zu. Durch ihr Todesleiden haben sie das irdische Herrscheramt verloren, herrschen aber nun mit Christus. Bei den »Verwandten« am Ende des Satzes denkt der Verfasser an die russischen Fürsten, die zu seiner Zeit herrschen, beschirmt von ihren ihnen verwandten himmlischen Fürsprechern.
20,27. Wir beziehen »in welcher« auf »Kirche«. Es kann im altrussischen Text auch auf »Land« bezogen werden.
20,28. Innere Kriege gelten dem Chronisten als Ränke des Teufels, als vom Teufel angestiftet. Gerade den Fürsten, die sich so oft gegenseitig

befehdeten und dabei Christenblut vergossen, werden Borís und Gleb, die sich dem älteren Bruder unterwarfen, auch wo er im Unrecht war, als leuchtende Vorbilder hingestellt.

21. Text: Sp. 139–146. – In der Erzählung sind deutlich drei Quellen zu unterscheiden: zwei weltliche und eine hagiographische. Die eine weltliche berichtet vom Nówgoroder Standpunkt aus. In ihr spielt Jarossláw keine große und zum Teil eine recht klägliche Rolle: er begeht Treubruch, er ist unklug, in der Not ist er verzagt; seinen Sieg hat er nur dem Opfersinn und der Tapferkeit der Nówgoroder zu verdanken. Die zweite weltliche Quelle schildert die Ereignisse vom Standpunkt Jarossláws aus. Besonders deutlich tritt sie im letzten Satz der Erzählung hervor. Die hagiographische Quelle ist gleichfalls jarossláw-freundlich. In ihr wird der Sieg über Sswjatopólk vor allem als Gottesgericht an dem Mörder der heiligen Borís und Gleb gesehen. Ein Teil der eingeschobenen theologischen Reflexionen und Bibelsprüche ist dann vielleicht erst von dem Chronisten hinzugefügt worden, der die drei (oder mehr) sich zum Teil widersprechenden Quellen zusammengefügt hat, was nicht ohne Stilbrüche, sachliche Widersprüche und Dubletten möglich war. Anmerkungen:

21,1. Sswjatosláw, ein anderer Halbbruder Sswjatopólks, aber von einer anderen Mutter als Borís und Gleb und als Jarossláw. Er war ein leiblicher Bruder Mstissláws, der zu Jarossláw zuerst in feindlichen Beziehungen stand, sich dann aber, von 1026 an, mit ihm in die Herrschaft über Rußland teilte. Man hat gefragt, warum nicht auch er, der doch das gleiche Schicksal hatte wie Borís und Gleb, heiliggesprochen wurde. Der Grund liegt vielleicht darin, daß Jarossláw, der der wichtigste Förderer des Kultes von Borís und Gleb war, kein Interesse daran hatte, den leiblichen Bruder seines Rivalen Mstissláw auf diese Weise zu ehren und dadurch auch Mstissláws Ansehen zu erhöhen. – Die »ungarischen Berge« sind die Karpaten.

21,2. Jes. 1, 6.

21,3. Pred. 10, 16. Die Gusli ist ein russisches Zupfsaiteninstrument. – Der Unwille des Chronisten über junge Fürsten und junge Ratgeber der Fürsten kommt auch an anderer Stelle der Chronik deutlich zum Ausdruck, besonders in dem Nachruf auf den Fürsten Wssewolod, der unter dem Jahr 1093 in die Chronik eingetragen ist.

21,4. Jes. 3, 1–4.

21,5. Jarossláw ist noch in Nówgorod, in Erwartung einer kriegerischen Auseinandersetzung mit seinem Vater, von dessen Tod er noch nichts weiß. Der folgende Krieg zwischen Jarossláw und Sswjatopólk muß auch unter dem Aspekt der Rivalität zwischen Nówgorod und Kiew gesehen werden, die schon 882, unter Olég, dann 980 in dem Kampf zwischen Wladímir und Jaropólk, dann wieder zum Lebensende Wladímirs zu kriegerischen Auseinandersetzungen geführt hatte.

21,6. Die Waräger sind schwedische Söldner. Die Lage der beiden hier genannten Höfe in der Nähe von Nówgorod ist nicht genau bekannt. »Er ließ sich nieder« ist zu verstehen im Sinne von: »Er bezog Residenz«.

21,7. Offenbar verzichtet er mit diesen Worten auf Blutrache. Darum ist es Betrug, wenn er sie trotzdem erschlägt. Vgl. dazu Ólgas Rache, o., Nr. 8, Anm. 8. Dort hatte Ólga zwar auch auf die Blutrache verzichtet, aber sie war formal nicht schuld an dem Tod der derewljanischen Gesandten, da diese in ihrer Torheit selbst ihr Begräbnis befohlen hatten. – Die Nachricht über den Treubruch Jarossláws stammt offenbar aus der Nówgoroder Quelle, die die Rolle der Nówgoroder Krieger sehr hoch, die des Jarossláw sehr niedrig bewertet.

21,8. Zu Peredssláwa s. o., Nr. 20, Anm. 19. Dieser Teil der Erzählung liegt zeitlich vor dem, was in Nr. 20 an der angegebenen Stelle berichtet war. Die chronologische Verwirrung ist aus der Zusammenfügung verschiedener Quellen zu erklären.

21,9. Mit »Gefolgschaft« ist hier die slawische Gefolgschaft des Fürsten gemeint, die er am Tage zuvor hatte erschlagen lassen. Jarossláw wird nicht nur als treubrüchig, sondern auch als töricht hingestellt.

21,10. Genau so sagte Wladímir, als er 980 gegen seinen Bruder Jaropólk kämpfte, s. o., Nr. 13, nach Anm. 4. Die beiden Erzählungen entstammen offenbar der gleichen Tradition, vielleicht dem gleichen Zyklus.

21,11. Ps. 7, 9.

21,12. Zu den Petschenegen s. o., Nr. 12, Anm. 7. Sswjatopólk hatte besonders enge Beziehungen zu den Petschenegen und zu den Polen. Vielleicht war er aus Anlaß eines Friedensschlusses zwischen den Russen und Petschenegen, den der hl. Brun von Querfurt im Jahre 1008 als Missionar bei den Petschenegen vermittelt hatte, als Geisel bei den Petschenegen gewesen. Der polnische Herzog Boleslaw der Kühne war sein Schwiegervater. – Ljúbetsch liegt etwa 100 km nördlich von Kiew auf dem linken Ufer des Dnepr, Kiew liegt auf dem rechten. Man sieht, daß der Chronist die Welt von Kiew aus betrachtet. Ljúbetsch war schon unter dem Jahr 882 (o., Nr. 4) erwähnt worden.

21,13. 6524 n. E. W. = 1016 n. Chr.

21,14. Untersuchungen des Skeletts Jarossláws haben bestätigt, daß Jarossláw gelahmt hat. Die Nówgoroder waren offenbar als gute Zimmerleute bekannt. Zu »Wojewode« s. o., Nr. 12, Anm. 15.

21,15. 6526 n. E. W. = 1018 n. Chr. – Unter dem Jahr 6525 steht eine kurze, inhaltlich umstrittene Notiz, die wir auslassen. – Boleslaw der Kühne, 992–1025, Herzog von Polen, war der Schwiegervater Sswjatopólks.

21,16. Mit »Russen« müssen hier die Bewohner Südrußlands, der heutigen Ukraine gemeint sein; denn unter den Slowenen sind die Russen aus dem Norden, aus Nówgorod, zu verstehen.

21,17. Die Nachricht steht in seltsamem Widerspruch zu dem, was kurz vorher gesagt war: daß er nicht auf einem Pferd sitzen konnte.

Anmerkungen 109

21,18. Wieder macht Jarossláw, der die Schlacht am Bug verloren hat und nun mutlos nach Schweden fliehen will, eine schlechte Figur. Daß er dann doch weiter kämpft und schließlich siegt, ist ausschließlich das Verdienst der Nówgoroder. – Von Dobrýna, dem Vater des Nówgoroder Statthalters, haben wir in der Erzählung über Wladímirs Götzendienst (o., Nr. 14) gehört, daß er der Oheim Wladímirs war: Kosjátin also ein Oheim zweiten Grades von Jarossláw.

21,19. Die Kuná, ursprünglich = »Marderfell«, war eine Münzeinheit, im 10.–11. Jh. = $^1/_{25}$ einer Gríwna, diese, grob gerechnet, etwa 500 DM, die Kuná also 20 Mark. Die »Männer« hätten also 80 Mark zahlen müssen, die »älteren« 5000, die Bojaren 40 000. Man legte in Nówgorod Wert auf die Feststellung, wieviel es die Nówgoroder sich haben kosten lassen, Jarossláw zum Sieg zu verhelfen, d. h.: wie sehr er bei ihnen in Schuld sei.

21,20. Die Ermordung der polnischen Besatzung und, damit im Zusammenhang, die Flucht Boleslaws des Kühnen aus Kiew, sind wohl nicht historisch. Anscheinend liegt eine Verwechslung vor mit einem Geschehen, das sich im Jahr 1069 in Kiew ereignet hat, als der polnische Herzog Boleslaw II. seinem Verwandten Isjassláw half, den Kiewer Thron, von dem er vertrieben worden war, zurückzugewinnen. Boleslaw der Kühne ist offenbar friedlich aus Kiew abgezogen, nachdem er seinem Schwiegersohn geholfen hatte, den Kiewer Thron zurückzugewinnen. Allerdings hat er sich seine Hilfe gut bezahlen lassen. Die Schwestern und die Bojaren des Jarossláw hat er offenbar als Geiseln mitgenommen, um zu verhindern, daß Jarossláw von neuem gegen Sswjatopólk ziehe. Nastás hatte in Kórssun den verräterischen Pfeil geschossen (s. o., Nr. 18, Anm. 7) und war dann Vermögensverwalter an der Zehntkirche in Kiew geworden.

21,21. Die »Tschérwenischen Städte« waren ein Gebiet im russisch-polnischen Grenzraum, dessen Mittelpunkt die Stadt Tschérwen war (an der Stelle des heutigen Dorfes Czérmno, an dem Fluß Huczwa, einem Nebenfluß des westlichen Bug, etwa 175 km südlich von Brest Litówsk, in Polen). Unter dem Jahr 981 war in der Chronik berichtet, daß Wladímir nach einem Feldzug gegen Polen ihnen »ihre Städte Peremýschl, Tschérwen und andere Städte, die bis zum heutigen Tag zu Rußland gehören« (so die Chronik), weggenommen habe. Boleslaw nahm die Städte als Lohn seiner Intervention; 1031 gewann Jarossláw sie in einem Augenblick der Schwäche Polens für Rußland zurück. Heute gehören sie, wie gesagt, zu Polen. Peremýschl heißt heute polnisch Przémysl.

21,22. 6527 n. E. W. = 1019. Die Alta, Fluß an der Grenze Rußlands gegen die Petschenegen, s. o., Nr. 20, Anm. 2.

21,23. Gen. 4, 10. »Zittern und Stöhnen« nach dem griech. Text von Gen. 4, 12.

21,24. Beréstje, heute Brest Litówsk, am westlichen Bug, heute an der Grenze zwischen Polen und der Sowjetunion.

21,25. Vgl. Lev. 26, 36.
21,26. Das Zitat ist aus der Weltchronik, die der griechische Mönch Georgios (Georgios Monachos) zur Zeit des Kaisers Michael III. (842–867) geschrieben hat. Sie wurde früh ins Slawische übersetzt und wird in der Nestorchronik mehrfach zitiert. Die hier zitierte Stelle bezieht sich bei Georgios auf den Tod des Königs Herodes.
21,27. Als im Jahre 1073 die Jarossláw-Söhne Sswjatosláw und Wsséwolod ihren älteren Bruder Isjassláw aus Kiew vertrieben, protestierte der Abt des Höhlenklosters dagegen und schrieb ihm: »Die Stimme des Blutes deines Bruders schreit wider dich wie das Blut Abels wider Kain« (Ernst Benz, »Russische Heiligenlegenden«, 1953, S. 144 f.). Der Chronist könnte mit seinen harten Worten gegen die russischen Fürsten die gleichen Ereignisse im Auge haben, gegen die Feodóssij so heftig protestiert. – Das folgende nach Gen. 4, 23, aber unter Mißverständnis des biblischen Berichtes und unter Benutzung apokrypher Erzählungen.
21,28. Über Abimelech s. Ri. 8, 31 u. Kap. 9. Die Tatsache, daß Abimelech von einer Nebenfrau Gideons geboren war, wird mit der unehrenhaften Geburt Sswjatopólks verglichen.
21,29. Die schöne Abschlußformel der Erzählung dürfte aus der Jarossláw-freundlichen weltlichen Erzählung über ihn stammen.

22. Text: Sp. 146 f. – Mstissláw war nach dem Chronikbericht über das Jahr 6488 (= 980) ein Sohn Wladímirs, ein Halbbruder Jarossláws des Weisen, mit dem er 1023–1026 um die Herrschaft in Rußland kämpfte; 1026 schlossen sie Frieden, indem sie sich in die Herrschaft teilten: Jarossláw bekam die Länder rechts des Dnepr, Mstissláw die links des Flusses. Als Mstissláw 1036 starb, vereinte Jarossláw wieder beide Teile des Landes unter seiner Herrschaft. – Tmutorokán auf der Kubanhalbinsel am Ostufer der Meerenge von Kertsch war vom 10. bis zum Ende des 11. Jahrhunderts in russischem Besitz. Zu den Kassogen (= Tscherkessen) s. o., Nr. 10, Anm. 6. Die Erzählung in künstlerisch geformter Prosa steht in ihrem Stil der Erzählung vom Tode des Olég (o., Nr. 7) nahe.

23. Text: Sp. 151–153. – Der Bericht über die kirchliche Tätigkeit Jarossláws des Weisen, der unter dem Jahr 6545 (= 1037) in der Nestorchronik steht, ist, wie aus ihm selbst deutlich wird, erst nach Jarossláws Tod (gest. 1054) aus der Rückschau auf sein Wirken entstanden und umfaßt die gesamte Zeit seiner Herrschaft in Kiew. Er steht nach Stil und Intention der Lobrede auf Wladímir den Heiligen nahe, die der russische Metropolit Ilarión um 1050 in der Kiewer Zehntkirche gehalten hat. Eine deutsche Übersetzung dieser Rede habe ich 1971 unter dem Titel »Die Werke des Metropoliten Ilarion« im Wilhelm-Fink-Verlag in München veröffentlicht.

23,1. 6545 n. E. W. = 1037 n. Chr. – Jarossláw der Weise, Sohn Wladímirs d. Hl., herrschte (mit Unterbrechungen) von 1017–1054 in Kiew. Er erweiterte Kiew um das Siebenfache der früheren Grundfläche und umgab

Anmerkungen 111

die Stadt mit einem starken Befestigungsgürtel. Das Haupttor hieß »Goldenes Tor«; es ist 1982 über einigen erhaltenen Mauerresten neu aufgebaut worden. Die Sophienkirche ist erhalten, die anderen hier erwähnten Bauten nicht. Das Georgskloster war dem Namensheiligen Jarossláws, das der Irene der Namensheiligen seiner Gemahlin Ingigerd geweiht.

23,2. Er hat wohl kaum selbst übersetzt, sondern ließ übersetzen.
23,3. Vgl. 1. Kor. 3, 6. 9.
23,4. Vgl. Gen. 2, 10.
23,5. Spr. 8, 12–17 (mit Auslassungen); der Text folgt der griechischen Übersetzung des Alten Testaments. »Die mich suchen, werden finden« war auch im Lobpreis auf Olga zitiert, o., Nr. 9, Anm. 10.
23,6. Sie: die Sophienkirche. Ausführlich spricht Ilarion über die Schönheit dieser Kirche, s. die Einleitung zu diesem Artikel.

24. Text: Sp. 155–160. – Das Kiewer Höhlenkloster war bis zu seiner Aufhebung im Jahre 1961 eine der bedeutendsten Stätten des kirchlichen und kulturellen Lebens in Rußland. Heute dienen die erhaltenen Baulichkeiten als Museum. Der Chronikbericht über seine Gründung steht unter dem Jahr 1051. Aber der Bericht selbst zeigt, daß diese Jahresangabe nicht genau ist. Die Erzählung erstreckt sich über viele Jahre, und das Jahr der Gründung war offenbar weder dem Erzähler bekannt noch dem Chronisten, der diese Erzählung in die Chronik eingefügt hat. Eine Fortsetzung findet die Erzählung in den Chronikartikeln von 1074, 1091 und 1096 (s. u., Nr. 26, 27, 29, 30).

24,1. Jaroßláw der Weise, gest. 1054; s. o., Nr. 23. – Zu Berestowo s. o., Nr. 14, Anm. 6, und 19, Anm. 3.
24,2. Larión oder Ilarión. Siehe zu ihm die Einleitung zu Nr. 23.
24,3. Der weltliche Name sollte vom Schreiber offenbar nachgetragen werden, was dann aber unterblieb. Zu Ljúbetsch s. Nr. 21, Anm. 12.
24,4. Der Mönchsberg Athos in Griechenland.
24,5. »festige mich«, d. h. »laß mich hier bleiben, keine andere Stätte mehr suchen«.
24,6. Antonius der Große, ägyptischer Einsiedler, gestorben 356. Sein von Athanasius beschriebenes Leben war das große Vorbild für alle Einsiedlermönche.
24,7. Am 20. Februar 1054. – Isjassláw herrschte in Kiew (mit Unterbrechungen) bis zu seinem Tode am 3. Okt. 1078; siehe u. Nr. 28.
24,8. Heute die sogenannten »fernen Höhlen« beim Höhlenkloster.
24,9. Über ihn berichtet ausführlich Néstor in seiner Vita des Feodóssij, deutsch bei Ernst Benz, »Altrussische Heiligenlegenden«, Zürich, 1953. Die neue Höhle des Antonij ist bei den »nahen Höhlen« zu suchen.
24,10. Die Nachricht widerspricht einer Nachricht im Chronikartikel über das Jahr 1074, s. u., Nr. 27, Anm. 9.
24,11. »über der Höhle«: an der Stelle des späteren, heute noch stehenden oberirdischen Klosters.

24,12. Demetrius war der Namenspatron des Isjassláw. Das Kloster ist nicht erhalten. Es hat wahrscheinlich in der Nähe der heutigen Bergstation der Zahnradbahn gelegen.

24,13. »Stárez«, eigentl. »Greis«, hier im Sinne von »alter, ehrwürdiger Mönch«; noch nicht in dem speziellen Sinn, den das Wort heute hat.

24,14. Über ihn hat der Mönch Néstor eine ausführliche Vita geschrieben, s. Anm. 9. Die im folgenden beschriebene Klosterreform des Feodóssij wird in der Vita auf 1062 datiert.

24,15. Berühmtes Kloster in Konstantinopel, in dem der Abt Theodor (seit 798) eine strenge Ordnung des gemeinsamen Lebens (Koinobion, Zönobitentum) eingeführt hatte. Die Klosterreform des Feodóssij brach also mit der anachoretischen Lebensweise, die Antónij vertreten hatte. – Geórgij war Metropolit von etwa 1065 bis etwa 1076.

24,16. Der sich hier in der ersten Person nennende Erzähler ist nicht identisch mit dem Mönch Néstor, der die Vita des Feodóssij geschrieben hat; denn dieser Néstor sagt in der Vita, daß er Feodóssij nicht persönlich gekannt habe. Vgl. u., zu 27,12.

25. Text: Sp. 181 f. – Über den Tod der heiligen Borís und Gleb hörten wir in der Erzählung Nr. 20. Ihr Kult gewann im Kiewer Rußland bald große Verbreitung: waren die beiden doch nicht nur die ersten kanonisierten Heiligen der russischen Kirche, sondern dazu noch Angehörige des Herrscherhauses, und das Beispiel, das sie durch ihren Verzicht auf gewaltsamen Widerstand und durch Unterordnung unter den Willen – selbst den ungerechten Willen – des »ältesten Bruders« als des Oberhauptes der Fürstenfamilie gegeben hatten, hatte in dem von Fürstenfehden zerrissenen Rußland des 11. und 12. Jahrhunderts große Bedeutung. So waren Fürstenhaus, Kirche und Volk an dem Kultus der beiden heiligen »Leidendulder« in gleicher Weise interessiert. – Begraben waren sie, wie wir in der Erzählung von ihrer Ermordung hörten (o., Nr. 20), in Wyschegórod, einer kleinen Festung etwa 15 km nördlich von Kiew. Innerhalb von drei Generationen wurden hier drei Kirchen gebaut, die der Aufnahme ihrer Reliquien und ihrer besonderen Verehrung dienen sollten: die erste, um 1030 geweihte, von Jarossláw, die zweite, 1072 geweihte, von seinem Sohn Isjassláw, die dritte, 1115 geweihte, von seinem Enkel Olég. Bei dieser Kirche in Wyschegórod wurde laufend (allerdings mit Unterbrechungen) aufgezeichnet, was man über das Leben und Sterben der heiligen Brüder, über die Entwicklung ihres Kultus in Wyschegórod und über die Wunder, die an ihren Reliquien geschahen, wußte und was man selbst erlebte. Aus diesen Aufzeichnungen scheint unsere Erzählung zu stammen; darauf weist die Nennung der Namen der beiden Wyschegóroder Würdenträger am Ende des Berichtes. Der Bericht gibt ein anschauliches Bild von dem Verlauf einer solchen Feier, und er zeigt, wie die Fürstenfamilie, die Geistlichkeit und das Volk wetteifern in der Verehrung der Heiligen. Nur die Metropoliten griechischer Herkunft scheinen in

Anmerkungen 113

dieser Hinsicht zurückhaltend gewesen zu sein. Allerdings darf man die Bemerkung des Chronisten, der Metropolit sei »nicht fest gewesen im Glauben an die Heiligen«, auch nicht allzu ernst nehmen. Ein entschiedener Gegner des Kultes kann er nicht gewesen sein, denn sonst hätte er kaum mit allem Pomp an der Übertragung der Reliquien teilgenommen. Der Text gibt gleichzeitig interessante Hinweise auf die Rangordnung innerhalb der höheren russischen Geistlichkeit, denn natürlich werden sie nach dieser Rangordnung aufgezählt. Dieselbe Erzählung ist, mit leichten Abweichungen, noch in zwei anderen Fassungen überliefert: in der Vita der Heiligen, die von dem Mönch Nestor geschrieben ist, und in dem sogenannten anonymen »Skasanije« (= »Erzählung«) über sie; der altrussische Text ist abgedruckt in: »Die altrussischen hagiographischen Erzählungen und liturgischen Dichtungen über die Heiligen Borís und Gleb«, hsg. von Ludolf Müller, München: Wilhelm Fink Verlag, 1967; die Erzählung Nestors in deutscher Übersetzung in: »Altrussische Heiligenlegenden«, hsg. von Konrad Onasch, Berlin: Union-Verlag, 1977, S. 81 f.

25,1. 6580 n. E. W. = 1072 n. Chr. Zu »Leidendulder« s. o., zu 20,24.

25,2. Das Michaelskloster ist das Wýdubizkij Kloster, einige km südlich vom Höhlenkloster am hohen Ufer des Dnepr gelegen, in dem der Abt Ssilwéstr 1116 diese Chronik geschrieben hat (s. u., Nr. 31). Das Erlöserkloster befand sich in dem außerhalb von Kiew gelegenen Residenzschloß Berestowo, das schon mehrfach erwähnt wurde (s. o., Nr. 14, 6; 19, 3; 24, 1). Es liegt in unmittelbarer Nähe des Höhlenklosters; ein Teil der um 1100 erbauten Kirche dieses Klosters ist erhalten. In dem Bericht der Chronik über das Jahr 1096 (s. u., Nr. 30) wird es »Kloster des German« genannt, obwohl dieser German damals nicht mehr lebte. Vielleicht war German der Gründer oder der erste Abt des Klosters.

25,3. Zum Schlitten als Fahrzeug für den Transport von Toten s. o., Nr. 19, Anm. 3. Zum »Schrecken«, der den Metropoliten befällt, s. u., Nr. 29, Anm. 8.

25,4. Das Tagesdatum wird in verschiedenen Quellen verschieden angegeben: 2. bzw. 20. Mai. Die russische Kirche feiert die Übertragung der Reliquien bis heute am 2. Mai. – Der letzte Satz bezeugt die historische Zuverlässigkeit dieser protokollartigen Nachricht. – Im Chronikbericht von 1078 (u., Nr. 28) wird Tuky als Bruder des hier genannten Tschudin gekennzeichnet, an anderer Stelle erfahren wir von einem Hof, der dem Tschudin in Kiew gehörte. Der Name dieses begüterten und mächtigen Mannes (zu »Tschud« = »Esten«) deutet wieder auf Menschen fremder Herkunft im Dienst des Fürsten (vgl. o., Nr. 20, Anm. 14 und 20).

26. Text: Sp. 183–188. – Die Erzählung gehört zu dem Zyklus der Erzählungen über das Kiewer Höhlenkloster, wie Nr. 24, 27, 29, 30, die ein wichtiger Bestandteil, vielleicht sogar der ursprüngliche Kern der Nestorchronik sind. Über den Tod Feodóssijs berichtet auch der Mönch Nestor in seiner Feodossij-Vita, er erzählt etwas ausführlicher und in

mancher Hinsicht abweichend von dem Bericht der Chronik; deutsch in: Ernst Benz, »Russische Heiligenlegenden«, Zürich, 1953, S. 151–156.

26,1. 6582 n. E. W. = 1074 n. Chr.

26,2. Sonntag der Butterwoche. Die Butterwoche ist die letzte Woche der Vorfastenzeit, in der Fleischgenuß schon verboten, aber der Genuß von Butter und Käse noch erlaubt ist. Mit diesem Sonntag, dem 7. vor Ostern (im Westen der Sonntag Estomihi) endet die Vorfastenzeit, am darauffolgenden Montag beginnt die 40tägige Fastenzeit, die bis zum Freitag vor Palmsonntag reicht. Am Samstag vor Palmsonntag, dem Fest der Auferweckung des Lazarus, und am Palmsonntag wird nicht gefastet. Am Montag danach beginnt das noch strengere Fasten der Karwoche, bis zum Karsamstag. Das »große vorösterliche Fasten« setzt sich also zusammen aus der 40tägigen Fastenzeit und dem Fasten der Karwoche.

26,3. Zu den folgenden Beispielen aus der Bibel vgl.: zu Adam: Gen. 2, 17; zu Mose: Ex. 24, 18; 34, 28; zu Samuel: 1. Sam. 1, 8; zu den Leuten von Ninive: Jona 2, 5; Mt. 12, 41; Lk. 11, 30; zu Daniel: Dan. 10, 3; zu Elija: 2. Kön. 2 in Verbindung mit 1. Kön. 19, 8; zu den Jünglingen im Feuerofen: Dan. 3, wo allerdings nicht gesagt wird, daß sie gefastet hätten; zum Fasten Jesu Christi: Mk. 1, 13; Mt. 4, 2; Lk. 4, 2. – »hat uns gewiesen die Zeit des Fastens«: Christus hat durch sein vierzigtägiges Fasten gezeigt, wie lange wir fasten sollen. – Zum Fasten der Apostel: Apg. 13, 2 f.; 14, 23; 2. Kor. 6, 5; 11, 27. – Mit »unsere Väter« sind die Mönchsväter gemeint, vor allem die im folgenden genannten: Antonius von Ägypten, gest. 356, Euthymius d. Gr., gest. 473, Sabas, gest. 532.

26,4. Der Lazarus-Freitag ist der Tag vor dem Fest der Auferweckung des Lazarus, dem Samstag vor Palmsonntag. – Die erste Woche der Fastenzeit heißt auch »Woche des Theodor«, weil am Samstag dieser Woche das Fest des Theodor Tiron gefeiert wird (s. darüber: Neophytos Edelby, »Liturgikon. Meßbuch der byzantinischen Kirche«, Recklinghausen, 1967, S. 85).

26,5. »Blumensonntag«: Palmsonntag; »großer Tag der Auferstehung«: Ostern.

26,6. Schlitten hier offenbar als das Gefährt für den Transport von Toten; vgl. o., Nr. 19, Anm. 3.

26,7. Anstelle der späteren Glocken hatte man in den Klöstern ursprünglich ein Schlagbrett, durch das die Mönche zusammengerufen wurden.

26,8. Néstor berichtet in der Vita des Feodóssij, allerdings erst aus der Zeit nach dem Tode Feodóssijs, über einen Mönch Nikóla, daß er gestohlen habe. Über Ignát ist sonst nichts bekannt.

26,9. Der Ltez, von wo der Priestermönch Ijákow in das Höhlenkloster gekommen war, ist vielleicht identisch mit dem Fluß Alta, wo Borís ermordet worden war, vielleicht ein Nebenfluß der Alta. Vielleicht war an dieser Stelle, die ja durch einen Sieg Jarossláws über Sswjatopólk berühmt geworden war (s. o., Nr. 21), früh ein Kloster gegründet

Anmerkungen 115

worden. Ob dieser Ijákow identisch ist mit einem Schriftsteller gleichen Namens, ist fraglich.

26,10. Dieser Stéfan wurde spätestens 1078 in einem Aufruhr der Mönche abgesetzt – wir wissen nicht, warum. Vielleicht ist die Episode der Wahl des Nachfolgers des Feodóssij deswegen so ausführlich erzählt, damit den Lesern oder Hörern der Erzählung (ursprünglich vor allem Mönche des Höhlenklosters) klar wird, daß sie selbst den als Abt haben wollten, den sie später verjagt haben. Stéfan gründete nach seiner Vertreibung aus dem Höhlenkloster ein eigenes Kloster, nicht weit vom Höhlenkloster entfernt, am Bache Klow. Später wurde er Bischof in Wladímir in Wolhynien. Er war bei der Übertragung der Gebeine des Feodóssij im Jahre 1091 zugegen, s. u., Nr. 29. Gestorben ist er am 27. April 1094.

26,11. Sswjatossláw hatte im Jahr zuvor seinen Bruder Isjassláw vertrieben und sich auf den Kiewer Thron gesetzt. Feodóssij hat anfänglich heftig dagegen protestiert, sich dann aber damit abgefunden und sich mit Sswjatossláw ausgesöhnt, s. o., Nr. 21, Anm. 27. – Die folgende Bitte an den Fürsten um Schutz für das Kloster und seinen Abt spielt offenbar an auf den Aufruhr, der dann im Kloster gegen Stéfan entstanden ist. Vielleicht hat Sswjatossláw hier vermittelnd eingegriffen und dem Stéfan die Gründung des neuen Klosters erleichtert. Allerdings ist Sswjatossláw schon am 27. Dez. 1075 gestorben.

26,12. Der Satz ist im Original ebenso ungefüge wie in meiner Übersetzung. Vielleicht sind zwei inhaltlich gleiche Sätze aus verschiedenen Quellen vom Chronisten ineinandergeschoben.

26,13. Im Jahre 1074 fiel das Osterfest auf den 20. April. Der 3. Mai war also in der Tat der 2. Samstag nach Ostern. – Die Indiktion war ein Zyklus von 15 Jahren. Allerdings war 1074 das 12. Jahr der damals laufenden Indiktion. Die Nennung des Wochentages zeigt aber, daß es sich um das Jahr 1074 handelt. – Zur Stundenzählung s. zu 29,13.

27. Text: Sp. 188–198. – Die Erzählung über die Mönche des Kiewer Höhlenklosters schließt in der Chronik unmittelbar an den Bericht über den Tod des Feodóssij an. Sie hat die literarische Form eines »Paterikón«, d. h. einer Sammlung von Erzählungen über verschiedene Mönche; diese Erzählungen sind aber keine »Viten«, sondern sie sind eher anekdotischen Charakters: nicht das ganze Leben des Mönchs wird beschrieben, wie in der Vita des Antonius von Ägypten (von Athanasius) oder in der Feodóssij-Vita des Néstor, sondern es sind Berichte über Einzelepisoden. Dabei werden auch negative Erscheinungen des Mönchslebens nicht verschwiegen. So zeigen die Erzählungen des Paterikón ein geringeres Maß der hagiographischen Stilisierung als die Viten und sind deswegen oft eine zuverlässigere Quelle für die Geschichte des Klosters und des Mönchtums. Der in diesem Chronikartikel vorliegende Bericht über die Mönche des Höhlenklosters ist ein Paterikón im kleinen. Zu Anfang des 13. Jahrhunderts ist dies kleine Paterikón zu einem großen Werk erweitert worden, in

dem alle damals bekannten Erzählungen über die Entstehung und Geschichte des Höhlenklosters und über seine Mönche gesammelt wurden. Es war bis ins 20. Jahrhundert hinein eins der beliebtesten Erbauungsbücher des russischen Volkes. Auszüge daraus in deutscher Übersetzung von Dmitrij Tschižewskij bei Ernst Benz, »Russische Heiligenlegenden«, Zürich 1953 (Neudruck 1982), S. 167–243.

27,1. Zu Stefan s. o., Nr. 26, Anm. 10.

27,2. Manches in der lebendigen Schilderung, die der Chronist von der Massentaufe im Dnepr im Jahre 989 (s. o., Nr. 18) gibt, könnte auf die Erzählungen dieses Starez zurückgehen, der, spätestens um 984 geboren, in der Zeit, von der hier die Rede ist, etwa 90 Jahre alt gewesen sein muß.

27,3. Mit den Worten »Er erblickte ihn« ist gemeint: »Er schaute in die Tiefe seiner Seele« oder »Er hatte eine Vision über ihn«.

27,4. Zu »Starez« s. o., Nr. 24, Anm. 13.

27,5. Man sieht an dieser Stelle, wie der Bericht über die Mönche sich nicht auf das Jahr 1074, unter dem er in die Chronik eingetragen ist, beschränkt, sondern wie er darüber hinweg in die Vergangenheit und in die Zukunft reicht. Die für den Abt Níkon wenig schmeichelhafte Anekdote dürfte doch wohl erst nach dessen Tod (im Jahre 1088) niedergeschrieben worden sein.

27,6. In einem Aufsatz, der 1966 in »Orbis Scriptus. Festschrift für Dmitrij Tschižewskij zum 70. Geburtstag« (Wilhelm Fink Verlag, München), S. 559–571, erschienen ist, habe ich zu zeigen versucht, daß in der jetzt folgenden Erzählung über Issákij zwei ursprünglich selbständige Erzählungen zusammengearbeitet worden sind, die die Geschichte dieses vom Teufel verführten Mönches in etwas verschiedener Weise und mit verschiedener Tendenz erzählt hatten. In der einen Erzählung wurde als Grund der Verführung angegeben, daß Issákij im entscheidenden Augenblick vergessen habe, sich zu bekreuzigen. Hätte er das getan, so wäre der Teufelsspuk verschwunden. Weil Issákij, durch diese Erfahrung gewitzigt, von nun an weiß, was er beim Auftreten einer solchen Erscheinung zu tun hat, kann er es später wieder wagen, von neuem in die Höhle zu gehen und dort in völliger Abschließung zu leben. Die zweite Erzählung führte den Fall Issákijs darauf zurück, daß dieser überhaupt in der Einsamkeit der Höhle lebte. Diese letztere Version spiegelt die asketischen Anschauungen des Feodóssij wider, der das gemeinsame Leben der Mönche für besser hielt als das Sicheinschließen in einer Höhle; dieses hatte offenbar Antónij als das Ideal des mönchischen Lebens betrachtet. Um diese Frage ist im östlichen Mönchtum von jeher gerungen worden, und auch im Höhlenkloster gab es hierüber tiefgreifende Meinungsverschiedenheiten. Im Höhlenkloster hat sich die Auffassung des Feodóssij (das koinobitische Ideal) durchgesetzt. Von daher erklärt sich vielleicht auch, daß nicht Antónij, der erste Gründer des Klosters, sondern Feodóssij zu Beginn des 12. Jahrhunderts heiliggesprochen worden ist (s. u., Nr. 29, Anm. 18)

Anmerkungen 117

und daß die Vita des Antónij, die es im 11. Jahrhundert gegeben haben muß, später verloren gegangen ist. – Aus der Tatsache, daß in der Erzählung über Issákij zwei Quellenschriften zusammengearbeitet worden sind, erklären sich manche sachlichen Widersprüche und stilistischen Ungeschicklichkeiten dieser Erzählung in der uns vorliegenden Form. Schon der erste Satz ist äußerst schwerfällig, im Original ebenso wie in meiner Übersetzung. – Torópez liegt etwa 200 km nördlich von Ssmolénsk, etwa 700 km von Kiew entfernt. – Die Mönche erhielten bei der Mönchsweihe einen neuen Namen.

27,7. Die Prosphorá ist das Abendmahlsbrot der Ostkirche, gebacken aus Weizen mit Sauerteig, wesentlich größer als die im Westen beim Abendmahl gebrauchte (ungesäuerte) Hostie. Bei der Feier der Eucharistie wird nur ein kleiner Teil einer Prosphorá geweiht, das übrige wird nach der Liturgie an die Gläubigen verteilt. – Die Ernährung des Issákij ist die gleiche, die nach dem Chronikartikel von 1051 (o., Nr. 24, bei Anm. 5) Antónij zu sich genommen hat.

27,8. Es ist seltsam, daß Issákij, der fest in seine Höhle eingeschlossen ist, aus ihr heraustreten kann, während später noch einmal ausdrücklich gesagt wird, daß der Eingang zugeschüttet war und aufgegraben werden mußte. Die Unstimmigkeit erklärt sich daraus, daß in die Issákij-Geschichte Motive aus anderen Mönchsgeschichten eingedrungen sind. In einem berühmten, viel gelesenen griechischen Paterikón, der sogen. »História Lausíaca« des Palládius (um 400) wird von einem Mönch Valens folgendes erzählt: »Der Teufel gelangte zu der festen Überzeugung, daß Valens im höchsten Grade verblendet war, ging hin, verwandelte sich in den Erlöser und kam als nächtliches Trugbild, von tausend Engeln umgeben, die brennende Leuchten trugen. Er selber, mitten im Lichterglanze, sah dem Erlöser gleich; er sandte einen als Boten voraus, der zu Valens sagen mußte: ›Christus hat dich liebgewonnen ob deines Wandels und offenen Wesens; nun kommt er, dich zu sehen. Geh hinaus vor deine Zelle! Sobald du ihn erblickst, wirf dich nieder auf dein Angesicht und bete ihn an und geh wieder zurück in deine Zelle.‹ So ging er denn hinaus, sah das strahlende Gefolge, und, ein Stadium weit entfernt, den Antichrist, fiel nieder auf sein Angesicht und betete ihn an.« (»Des Palladius Leben der Heiligen Väter«, aus dem Griechischen übersetzt von St. Krottenthaler, »Bibliothek der Kirchenväter«, Bd. 5, 1912, S. 60 f.).

27,9. Im Jahre 1068 hatte der Kiewer Großfürst Isjassláw vor einem Volksaufstand aus Kiew fliehen müssen. Die Aufständischen setzten den zuvor in Kiew gefangengehaltenen Fürsten Wssessláw von Pólozk als Kiewer Fürsten ein. Als im folgenden Jahr Isjassláw mit einem polnischen Heer in Rußland einrückte, floh Wssessláw, ohne es zur Schlacht kommen zu lassen. Antónij hatte während des Aufstandes offenbar auf der Seite der Aufständischen gestanden. Um ihn vor der Rache des zurückkehrenden Isjassláw zu schützen, ließ Sswjatossláw, der Bruder

Isjassláws, Fürst in Tschernígow, ihn nach dort holen. Der Überlieferung nach hat Antónij dort ein neues Kloster gegründet. Die Nachricht steht im Widerspruch zu einer Stelle des Chronikartikels von 1051, wo gesagt wird, Antónij habe in seiner zweiten Höhle »40 Jahre in Tugend gelebt, ohne jemals aus ihr hinauszugehen« (s. o., Nr. 24, Anm. 10).

27,10. Im vorangehenden Absatz war Issákij zu dem für die koinobitische Variante entscheidenden Entschluß gekommen, sich nicht mehr in der Höhle einzuschließen, sondern »den Teufel zu besiegen, indem ich im Kloster umhergehe«. Jetzt kommt ein neues Motiv hinzu: War er das erste Mal gefallen durch einen gewissen geistlichen Hochmut (daß er sich einer Erscheinung Christi überhaupt für würdig hielt), so übt er jetzt Demut durch Verrichtung niederer Dienste, ja sogar durch »Treiben von Narrheit«. Die heiligen Narren zeigen durch scheinbar widersinnige und sogar anstößige Handlungen, daß die kirchliche und weltliche Wohlanständigkeit manchmal weit entfernt ist von der wirklichen Erfüllung der göttlichen Gebote, daß »die göttliche Torheit weiser ist, als die Menschen sind, und die göttliche Schwachheit stärker, als die Menschen sind« (1. Kor. 1, 25). Siehe dazu: P. Hauptmann, »Narrheit, heilige« in »Religion in Geschichte und Gegenwart«, 3. Aufl., Bd. 4, 1960, Sp. 1308. Issákij ist der erste uns bekannte »heilige Narr« (russ. »juródiwyj«) in Rußland.

27,11. Daß Issákij sich wieder in der Höhle ansiedelt, in der er zuvor gewesen war, steht in scharfem Widerspruch zu seiner früher erklärten Absicht, sich nicht wieder in der Höhle einzuschließen (s. Anm. 10). Stammte jene frühere Nachricht aus der koinobitischen Variante der Issákij-Erzählung, so diese aus der anachoretischen. Jugendliche kann er nicht in der Höhle um sich gesammelt haben, weil diese gar nicht ins Kloster hineingelassen wurden. Vielmehr hat er sie gesammelt, während er »in der Welt umherging«. Wenn er ihnen Mönchskleider anlegt, so will er damit vielleicht sagen, daß die Kinder in ihrer schlichten Frömmigkeit die Gebote Christi besser erfüllen als die Mönche, daß die Kinder gleichsam bessere Mönche sind. Zu Abt Níkon vgl. o., Anm. 5. Er kommt dort ebenso schlecht weg in der Erzählung wie hier.

27,12. Wieder spricht der Erzähler in der ersten Person. Dieses Erzähler-Ich braucht aber nicht der Verfasser der Gesamtchronik zu sein, auch nicht das gleiche Ich wie in dem Bericht über die Gründung des Höhlenklosters (s. Nr. 24, Anm. 16). Die verschiedenen Erzählungen über das Höhlenkloster können von verschiedenen Verfassern stammen.

27,13. Dieser Satz stammt deutlich wieder aus der koinobitischen Variante: In der *Höhle* ist er verführt worden! Die Fürbitte des koinobitisch gesinnten Feodóssij hat er jetzt für sich, weil er nicht mehr in der Höhle sitzt, sondern unter den Brüdern lebt.

27,14. Dieser Satz ist aus der anachoretischen Variante. Wie der folgende Satz zeigt, sitzt er nun doch wieder in der Höhle, aber er weiß jetzt: Wenn die Dämonen ihn versuchen, muß er sich bekreuzigen, dann verschwinden sie.

Anmerkungen

27,15. Unter dem »grimmen Tier« ist wohl der Wolf zu verstehen.
27,16. »die ihr unwürdig seid einer solchen Erscheinungsform«. So lautet der Text in allen Handschriften. Aber ursprünglich hieß er vielleicht: »mich, der ich unwürdig bin einer solchen Erscheinung«.
27,17. Ioánn war Abt des Höhlenklosters nach Níkon. Dieser starb 1088. Wie lange Ioánn das Amt innehatte, ist unbekannt. Für das Jahr 1108 ist ein anderer Abt des Höhlenklosters bezeugt, Feoktíst.
27,18. Die in Klammern gesetzte Wendung stört den Zusammenhang; vielleicht ist sie nachträglich eingefügt, damit nicht der Eindruck entsteht, die Mönche dächten nur an sich und schlössen sich von der Welt ab.
27,19. In diesem Schlußsatz werden die koinobitischen Tugenden stark hervorgehoben, die anachoretischen mit Stillschweigen übergangen. Als Fürbitter wird nur der koinobitische Feodóssij, nicht der anachoretische Antónij genannt.

28. Text: Sp. 199–204. – Der Text enthält neben dem Bericht über kriegerische Ereignisse die Darstellung des Ideals eines christlichen Fürsten. Die Kriegserzählung nimmt Züge der Heiligenlegende in sich auf und mündet in eine theologische Reflexion über das Leben und Sterben eines Fürsten, die fast wie eine beim Begräbnis gehaltene Lobrede anmutet.
28,1. 6586 n. E. W. entspricht dem Jahr 1078 n. Chr.
28,2. In der Erbfolgeordnung des russischen Reiches der Kiewer Periode waren zwei Prinzipien miteinander im Streit. Nach dem Senioratsprinzip saß der »Senior« der Fürstenfamilie der Rurikiden auf dem Kiewer Thron, sein nächstjüngerer Bruder auf dem in Tschernígow, der nächste in Perejásslawl und so fort nach dem Rangalter der Fürsten und dem Rang der Fürstentümer. Starb der Senior, so rückte der zweite an seine Stelle, ging also von Tschernígow nach Kiew, der dritte von Perejásslawl nach Tschernígow usw. Neben diesem Prinzip, das im 11. Jh. noch weithin als Rechtsnorm galt, stand das Prinzip der Erbfolge vom Vater auf den Sohn, nach welchem der älteste Sohn etwa des Fürsten von Tschernígow nach dem Tode des Vaters dessen Thron besteigen durfte. Je mehr die Einheit des Reiches zerfiel und die Einzelfürstentümer selbständig wurden, um so mehr setzte sich dieses zweite Prinzip durch. Durch den Widerstreit der beiden Prinzipien kam es beim Tod eines Fürsten häufig zu Konflikten zwischen dem Bruder und dem Sohn des Verstorbenen, die beide Ansprüche auf den Thron erhoben. Ein solcher Konflikt zwischen Onkel und Neffe brach aus, als Sswjatosslaw, der Fürst von Tschernígow, 1076 gestorben war. Sein jüngerer Bruder, Wssewolod, bestieg den Thron. Der Sohn des Verstorbenen, Olég, versuchte mit Hilfe seines Vetters Borís Wjatscheslawitsch, der in Tmutorokán regierte, den Thron von Tschernígow, auf dem sein Vater jahrzehntelang gesessen hatte, für sich zu gewinnen. Das gelang ihm zunächst auch, mit Hilfe eines kumanischen Heeres. Die Tatsache, daß Olég sich mit den heidnischen Kumanen (einem kriegerischen Turkvolk, das seit 1055 in der südrus-

sischen Steppe nomadisierte) verbündete, wird ihm von dem Chronisten besonders übelgenommen. Olég besiegte seinen Onkel am 25. August 1078 und besetzte Tschernígow. Aber der besiegte Wsséwolod und sein Bruder Isjassláw und die Söhne von beiden (Wladímir Monomách und Jaropólk) sammeln ein neues Heer und ziehen nach Tschernígow, um den Usurpator Olég von dort zu vertreiben. Vor den Toren Tschernígows kommt es zu einer schweren Schlacht, in der auf der einen Seite Isjassláw, auf der anderen der mit Olég verbündete Borís Wjatschessláwitsch fällt. Olég wird besiegt und flieht. – Die Ssoshiza ist wahrscheinlich ein Nebenfluß der Ssúla im Grenzgebiet zwischen Rußland und der kumanischen Steppe, heute Orshiza. – Tuky, als enger Vertrauter des Fürsten Isjassláw unter dem Jahr 1068 genannt, wird hier wie dort als Bruder des Tschudin bezeichnet, den wir im Chronikartikel über das Jahr 1072 (o., Nr. 25, Anm. 4) als Inhaber der Herrschaftsgewalt in Wyschegórod kennengelernt haben. Die Tatsache, daß Tuky an der Schlacht an der Ssoshiza teilgenommen hat, zeigt, daß Isjassláw schon bei dem ersten Angriff des Olég im August 1078 seinem Bruder Wsséwolod geholfen hat, und nicht erst, wie es nach dem folgenden Bericht scheinen könnte, bei dem Feldzug im Oktober 1078.

28,3. Isjassláw war zweimal von seinem Fürstenthron in Kiew verjagt worden: zum ersten Mal 1068 nach einer Niederlage gegen die Kumanen durch einen Volksaufstand (vgl. o., Nr. 27, Anm. 9), zum zweiten Mal 1073 durch seine Brüder Sswjatossláw und Wsséwolod.

28,4. Der Streshen oder Strishen ist ein kleiner Fluß, der durch Tschernígow fließt und nahe bei dem östlichen Tor der »äußeren Stadt« aus der Stadt heraustritt und dann östlich der »inneren Stadt« oder der Stadtburg in die Dessná mündet.

28,5. 1. Petr. 5, 5; Jak. 4, 6 (nach Spr. 3, 34); das folgende Bibelzitat: Jer. 9, 22.

28,6. Die genaue Ortslage des Neshatino Feldes ist nicht bekannt. Es muß in der Nähe von Tschernígow gelegen haben. Wörtlich übersetzt heißt es hier: »Und als sie auf der Stelle bei dem Dorf [oder: einem Dorf] auf dem Neshatino-Feld waren und beide zusammenstießen ...«

28,7. Zu Tmutorokán s. die Vorbemerkung zu Nr. 22. Mit dem folgenden Satz hebt die Erzählung neu an. Vielleicht stammt das folgende aus einer anderen Quelle als das bisher Erzählte.

28,8. Gorodéz war eine Stadt auf dem linken Ufer des Dnepr, nicht weit nördlich von Kiew, an der Mündung der Dessná in den Dnepr. »Gegenüber von Gorodéz« ist also das rechte Ufer des Dnepr, das gleiche, auf dem Kiew liegt. – Zum Schlitten als Fuhrwerk für Tote s. o., Nr. 19, Anm. 3, und Nr. 26, Anm. 6.

28,9. Die Kirche der heiligen Gottesmutter ist die schon unter Wladímir d. Hl. erbaute Zehntkirche, s. o., 15,2 und 19,4. Nach anderen Quellen (auch dem Igorlied) wurde Isjassláw in der Sophienkirche beigesetzt. Ein Marmorsarkophag ist in der Sophienkirche

Anmerkungen

erhalten: der, in dem Isjassláws Vater, Jarossláw der Weise, beigesetzt worden ist.

28,10. Vgl. Röm. 12, 17; 1. Thess. 5, 15; 1. Petr. 3, 9. – Zum folgenden vgl. o., Anm. 3.

28,11. Im russischen Original ein Wortspiel: »ssetschéz issetsche«, wörtlich: »Er hat die Hauer niedergehauen«. Im Chronikartikel über das Jahr 1069 wird erzählt, daß Isjassláw, als er nach seiner ersten Vertreibung mit polnischer Hilfe nach Kiew zurückkehrte, seinen Sohn Mstissláw nach Kiew vorausgeschickt habe. »Und Mstissláw kam und ließ die Kiewer niederhauen, die Wssesláw herausgehauen hatten [aus dem Kiewer Gefängnis, in dem er zuvor gesessen hatte, s. Nr. 27, Anm. 9], 70 Leute.«

28,12. Nach seiner zweiten Vertreibung kam Isjassláw, wieder mit polnischer Hilfe, im Jahre 1077 nach Rußland zurück. Wsséwolod, der zu dieser Zeit den Kiewer Thron innehatte, zog ihm mit Heeresmacht entgegen; aber die Brüder ließen es nicht zum Kampf kommen, sondern schlossen Frieden. Wsséwolod »erkannte« den älteren Bruder »als den Ältesten an« (vgl. o., Anm. 2) und überließ ihm den Thron von Kiew und ging nach Tschernígow.

28,13. 1. Thess. 5, 14.
28,14. Joh. 15, 13. Das folgende Bibelwort aus Spr. 17, 17.
28,15. 1. Joh. 4, 16–18. 20–21.
28,16. Kol. 2, 14.

29. Text: Sp. 209–214. Nach Borís und Gleb ist der im Jahre 1074 verstorbene Abt des Höhlenklosters Feodóssij als erster in Rußland heiliggesprochen worden. Dies geschah im Jahre 1108 (s. u., Anm. 18), aber die Heiligsprechung wurde im Kloster offenbar von langer Hand vorbereitet. Schon die Erzählungen über die Gründung des Höhlenklosters und über den Tod des Feodóssij (o. Nr. 24 und 26) dienten vielleicht diesem Ziel, dann die Vita, die der Mönch Néstor über ihn in der Zeit zwischen 1079 und 1088 geschrieben hat. Voraussetzung für die Heiligsprechung war aber, über das heilige Leben und selige Sterben des betreffenden hinaus, daß Gott ihn »verherrlichte« (s. o., Nr. 11, Anm. 9), und als solche »Verherrlichung« galten Wunder, die in irgendeiner Weise durch ihn oder an seinen Reliquien geschahen. Eine wichtige Rolle spielte dabei, wie der Leichnam des Verstorbenen sich erhielt. Wurde bei der Aufdeckung der Reliquien der Leichnam unversehrt gefunden oder wurde festgestellt, daß Wohlgeruch von ihm ausging, so galt dies als Zeichen der Heiligkeit (vgl. o., Nr. 25, S. 63). (Es ist eine Art Polemik gegen diese Auffassung, wenn Dostojéwskij in den »Brüdern Karamásow« vom Leichnam des Stárez Sossíma schon sehr bald nach dem Tode einen starken Verwesungsgeruch ausgehen läßt.) So hat die Exhumierung den Sinn, festzustellen, was aus dem Leichnam geworden ist. Andererseits fördert die feierliche Beisetzung des Toten an einer hervorgehobenen und allgemein zugänglichen Stelle die

Verehrung des noch nicht kanonisierten Heiligen und die psychologische Bereitschaft, Wunder von seiner Fürsprache zu erhoffen. Weil die Aufdeckung der Reliquien und die Wunder, die man seiner Wirkung zuschrieb, große Bedeutung für die erhoffte Heiligsprechung hatten, wurden darüber protokollartige Aufzeichnungen gemacht. Eine solche haben wir in dem hier folgenden Artikel vor uns. Der Verfasser dieser Aufzeichnungen, der sich in der ersten Person nennt, braucht nicht identisch zu sein mit dem Verfasser der Chronik. Der Chronist kann den von einem anderen Verfasser geschriebenen Ich-Bericht unverändert in seine Chronik übernommen haben. Vgl. Nr. 27, Anm. 12. Allerdings zeigt sich in dem Bericht selbst durch verschiedene Unklarheiten und Widersprüche, daß der Chronist nicht nur den einen Bericht des Ausgräbers der Reliquien als Vorlage hatte, daß er ihn vielmehr durch andere Nachrichten über das gleiche Ereignis ergänzt hat.

29,1. 6599 n. E. W. entspricht dem Jahr 1091 n. Chr. – Abt des Höhlenklosters war damals Ioánn, s. o., Nr. 27, Anm. 17.

29,2. Die große, dem Fest des Entschlafens der Maria geweihte Hauptkirche des Höhlenklosters war im Jahre 1073 von Feodóssij gegründet worden. Sie ist während der deutschen Okkupation Kiews im Zweiten Weltkrieg im November 1941 unter nicht geklärten Umständen gesprengt worden. Dem Vernehmen nach wird ein Wiederaufbau der Ruine erwogen. – Über die »Sammlung« der Mönche durch Feodóssij s. o., Nr. 24, nach Anm. 14.

29,3. Das Fest des Entschlafens der Gottesmutter wird am 15. August gefeiert. Da die Kirche, in die die Reliquien des Feodóssij übergeführt werden sollten, diesem Fest gewidmet ist, legte man die Überführung auf den Tag vor dem 15. August und verstärkte durch die Zusammenlegung der Feiertage den festlichen Charakter.

29,4. Wie in der Vorbemerkung zu diesem Artikel gesagt ist, ist es ganz ungewiß, ob dieses »Ich« mit dem Hagiographen Néstor oder mit dem Chronisten oder mit dem Verfasser des Chronikartikels über das Jahr 1051 (s. o., Nr. 24) gleichgesetzt werden darf.

29,5. Gemeint ist: neben dem Ausgang aus der Höhle in den unterirdischen Gang, der die einzelnen Höhlen miteinander verbindet, in die Katakombenstraße.

29,6. Geheimgehalten wird das Vorhaben vor seiner Durchführung wohl deswegen, weil man bei einem eventuellen Mißerfolg die Enttäuschung vermeiden will; vielleicht aber auch einfach, um die Arbeit nicht durch neugieriges Zuschauen und Fragen gestört werden zu lassen.

29,7. Vorher und hinterher ist immer nur von *einem* Gehilfen die Rede. Dies deutet darauf hin, daß der Text irgendwann einmal überarbeitet worden ist; offenbar sind von dem Endbearbeiter mehrere Fassungen ineinandergearbeitet worden.

29,8. Vgl. Lk. 5, 9. Es ist der Schrecken, der den Menschen im Augenblick der Begegnung mit dem Heiligen, der »numinose Schrecken« vor dem

»mysterium tremendum« befällt. Vgl. dazu Rudolf Otto, »Das Heilige« (1. Aufl. 1917). Vgl. in einer Bibelkonkordanz unter den Worten »Schrecken«, »schrecklich«. Vgl. auch o., Nr. 25, Anm. 3.

29,9. Häufig sind in solchen Erzählungen Berichte über Lichterscheinungen, die als feurige Säulen oder etwas ähnliches beschrieben werden. Nicht ganz zutreffend übersetzt Trautmann »leuchtende Regenbögen«. Vgl. auch im nächsten Absatz die »Kerzen«. Auch sie sind nicht natürliche Kerzen, sondern ein solches Lichtwunder.

29,10. Zu Stéfan s. o., Nr. 26, Anm. 10. Stéfan war offenbar von seinem Bischofssitz Wladímir nach Kiew gekommen, um an der Übertragung der Gebeine des Feodóssij teilzunehmen, ebenso wie die anderen im übernächsten Absatz genannten Würdenträger. Der Konflikt Stéfans mit dem Höhlenkloster, das er eine Zeitlang als Abt geleitet hatte und aus dem er dann vertrieben worden war, scheint nicht allzu tiefgreifend und dauerhaft gewesen zu sein; sonst hätte er sich wohl kaum an der Reliquienübertragung im Höhlenkloster beteiligt (oder beteiligen dürfen). In Kiew wohnte er in »seinem«, dem Klow-Kloster (s. zu 29,11).

29,11. Klíment war von Stéfan in dem Kloster, das dieser nach seiner Vertreibung aus dem Höhlenkloster an dem Bach Klow (in der heutigen Karl-Liebknecht-Straße in Kiew, Nr. 27) gegründet hatte, als Abt eingesetzt, als er selbst, Stéfan, Bischof in Wladímir in Wolhynien wurde. – Das Subjekt des folgenden Satzes sind offenbar nicht Stéfan und Klíment, sondern die »zwei Brüder«, von denen zu Beginn des Absatzes erzählt war. Die Geschichte von Stéfan und Klíment ist in die von den zwei Brüdern nachträglich eingeschoben worden, die von den zwei Brüdern in den Ausgrabungsbericht des Ich-Erzählers. – Mit den Worten »Als ich aber hindurchgegraben hatte« wird der Faden des Ausgrabungsberichtes wieder aufgenommen, der am Ende des vorigen Absatzes fallengelassen war.

29,12. Offenbar hatte der Ausgräber aufgehört zu graben, als er auf die Stelle gestoßen war, wo einst das Grab gegraben war und die Reliquien lagen. Bei der weiteren Aufdeckung der Reliquien will der Abt als Zeuge zugegen sein. Erst nachdem er gekommen ist, wird weitergegraben. Der Ausdruck »als Reliquie liegen« besagt: Der Leichnam ist verwest, nur die Gebeine sind übrig geblieben. Das wird eine gewisse Enttäuschung für die Mönche gewesen sein. Ein Trost ist, daß die Gelenke nicht zerfallen waren.

29,13. Solche Daten mit Angabe des Wochentages sind zur Überprüfung der chronologischen Angaben der Chronik besonders wichtig. Der 14. August fiel 1091 in der Tat auf einen Donnerstag. Die Indiktion war ein Zyklus von 15 Jahren, nach dessen Ablauf man wieder mit 1 zu zählen anfing. Auch diese Angabe ist richtig. Die genaue Datierung ist kennzeichnend für den protokollarischen Charakter dieses Berichtes. Die erste Stunde des Tages ist die erste Morgenfrühe, genauer: das erste Zwölftel der Zeit der Tageshelle.

29,14. Die folgende »erfüllte Prophezeiung« wird vielleicht auch deswegen erzählt, weil sie als Wunder gelten konnte und darum für die erhoffte Kanonisierung wichtig war.

29,15. Jan Wyschátitsch wird in der Chronik oft und stets mit Hochschätzung erwähnt als einer der führenden Männer des Kiewer Reiches in der zweiten Hälfte des 11. Jahrhunderts. Über seinen Tod berichtet die Chronik unter dem Jahr 6614 (= 1106): »In diesem Jahr verschied Jan, ein guter Greis, nachdem er 90 Jahre gelebt hatte, in gesegnetem Alter. Er hat gelebt nach dem Gesetz Gottes und war nicht geringer als die Gerechten der früheren Zeiten. Von ihm habe ich viele Berichte gehört, die ich auch eingeschrieben habe in diese Chronik. Denn er war ein gütiger und sanftmütiger und demütiger Mann, der sich enthielt eines jeglichen [bösen] Dinges. Dessen Grab ist im Höhlenkloster, im Anbau [der Kirche], wo sein Leib liegt, bestattet im Monat Juni am 24. Tage.« An dieser Stelle ist der Ich-Erzähler mit großer Wahrscheinlichkeit als Verfasser (oder als einer der Verfasser) der im Höhlenkloster entstandenen »Nestorchronik« zu erkennen. Ob er freilich Néstor geheißen hat, bleibt ungewiß, und daß er mit dem Hagiographen Néstor, dem Verfasser der Viten der hl. Borís und Gleb und des hl. Feodóssij, identisch ist, unwahrscheinlich.

29,16. An dieser Stelle geht der Lobpreis aus dem Bericht in der dritten Person über in die liturgische Anrede in der zweiten Person. Zu dem folgenden »Freue dich« vgl. Nr. 11, Anm. 6. Hier ist wieder unsicher, wer das redende »Ich« ist, vgl. o., Anm. 4 und Anm. 15.

29,17. Theodosius, ein griechischer Mönchsvater, der um 465 in Bethlehem ein koinobitisches Kloster gegründet hat; gestorben 529. Er wird hier unter den Vorbildern des Feodóssij hervorgehoben, weil er dessen Namenspatron ist und weil er, wie Feodóssij, für den koinobitischen Lebensstil eingetreten ist.

29,18. »Rauchopfer des Gebetes« nach Ps. 141 (140), 2; »Fürst dieser Welt« nach Joh. 12, 31; »feindliche Pfeile« nach Eph. 6, 16. – Mit der Bitte um Fürbitte zeigt der Verfasser des Lobpreises, daß er Feodóssij bereits als Heiligen betrachtet, denn die Fürbitte für die ihn anrufenden Gläubigen ist das eigentliche Charisma und Amt des Heiligen – Vollzogen wurde die Heiligsprechung dann erst im Jahre 1108. Darüber berichtet die Chronik unter diesem Jahr folgendermaßen: »In diesem Jahr legte Gott es dem Feoktíst, dem Abt des Höhlenklosters, ins Herz, und er begann, dem Fürsten Sswjatopólk zu sagen, er möge den Feodóssij in das Synodikón einschreiben lassen. Und der wurde froh und versprach, es zu tun. Er befahl dem Metropoliten, ihn in das Synodikón einzuschreiben und befahl, ihn in allen Bistümern einzuschreiben. Und alle Bischöfe schrieben ihn mit Freuden ein und gedenken sein in allen Kirchen.« Das Synodikón oder die Díptychen sind das Verzeichnis der verstorbenen Personen, derer im Gottesdienst regelmäßig gedacht wird. Die Eintragung in die Díptychen ist identisch mit der Kanonisierung für den

Anmerkungen 125

betreffenden Kirchenbezirk, in diesem Falle also für den Bereich der russischen Metropolie. – Die Rolle, die der Fürst bei der Kanonisierung spielte, wird in diesem Bericht etwas vereinfacht dargestellt. In Wirklichkeit konnte er dem Metropoliten in dieser Hinsicht nicht einfach »befehlen«.

30. Text: Sp. 232–234. – Der folgende Bericht stammt wieder aus dem Höhlenkloster. Aber es ist nicht, wie der in Nr. 27, die Erzählung über einzelne Mönche im Stil des Paterikón, sondern eine geschichtliche Aufzeichnung, offenbar von vornherein für die Chronik bestimmt, die im Höhlenkloster geschrieben wurde, vermutlich von dem gleichen Chronisten stammend, der den Bericht über den Tod des Jan Wyschátitsch geschrieben hat (s. Nr. 29, Anm. 15). Die genaue Datierung zeigt, daß das Ereignis bald, nachdem es geschehen war, aufgeschrieben worden ist.

30,1. 6604 n. E. W. entspricht dem Jahre 1096 n. Chr. Zur Bezeichnung der Tageszeit s. Nr. 29, Anm. 13. – Ostern war im Jahre 1096 am 13. April, der 20. Juni also ein Freitag. – Zu den Kumanen s. o., zu 28,9.

30,2. Bonják, in der Chronik häufig erwähnt, war ein kriegerischer Kumanen-Khan. Er war im Frühjahr des gleichen Jahres schon einmal mit einem kumanischen Heer vor Kiew erschienen. Als »gottlos« gilt er, weil die Kumanen Heiden waren.

30,3. Die »Siedlungen auf dem Sand«: außerhalb der Stadtbefestigung, vielleicht besonders am Ufer des Dnepr auf sandigem Boden gelegene Siedlungen. – »Sie wandten sich zurück, gegen die Klöster«: Die im folgenden genannten Klöster liegen südlich der Stadt, also in der Richtung, aus der die Kumanen gekommen waren. Das Kloster des Stéfan ist das am Bach Klow gelegene, s. o., Nr. 26, Anm. 10 und Nr. 29, Anm. 10 und 11; es lag der Stadt Kiew am nächsten, rechts von dem Weg, der von Kiew zum Höhlenkloster führt, darum wird es zuerst genannt. Die hier gebotene Übersetzung, die besagt, dies Kloster sei aus Holz gebaut gewesen, ist nicht ganz sicher. Wenn sie richtig ist, soll sie wohl besagen, daß die zur Zeit der Niederschrift der Chronik bestehende, aus Stein gebaute Klosterkirche eine andere ist als die damals niedergebrannte hölzerne. – Zum »Kloster des German« s. o., zu 25,2.

30,4. Die Kumanen werden betrachtet als Nachkommen des Ismaël, des Sohnes, den Abraham von Hagar hatte, nach Gen. 16 und 17.

30,5. Die Hauptkirche des Höhlenklosters, dem Fest des Entschlafens der Gottesmutter geweiht, s. o., Nr. 29, Anm. 2.

30,6. Ps. 79 (78), 10. Dieser ganze Psalm handelt von dem Einbruch der Heiden in das Heiligtum Gottes. Darum paßt er besonders gut zu der hier geschilderten Situation.

30,7. Weish. 3, 6.

30,8. Der »Schöne Hof« ist ein fürstliches Schloß außerhalb der Stadt Kiew, das Wssewolod auf dem ihm gehörenden Geländestück Wýdubitschi, etwa 3 km südlich vom Höhlenkloster am hohen Ufer des Dnepr gelegen (auf dem Gebiet des heutigen Botanischen Gartens), hatte bauen lassen, als er selbst in Perejásslawl residierte. Auf diesem Territorium hatte er auch das Michaelskloster (auch »Wýdubizkij Kloster« genannt) bauen lassen, s. o., Nr. 25, Anm. 2. Vgl. auch die Vorbemerkung zu Nr. 31.

30,9. Ps. 83 (82), 14–17. Das Wort »Rad« ist hier nach dem biblischen Urtext zu verstehen »von den Stengeln der wilden Artischoke (und ähnlicher Pflanzen), die sich im Spätsommer kugelförmig zusammenballen und vom Wind über den Boden hingetrieben werden« (E. Kautzsch, »Die Heilige Schrift des Alten Testamentes«, 4. Aufl., Bd. 1, 1922, S. 619).

31. Text: Sp. 286. – Das Michaels- oder (nach seiner Ortslage) Wýdubizkij-Kloster war das Kiewer Familienkloster Wsséwolods und seiner Nachkommen. Wsséwolods Sohn Wladímir, genannt Monomách, der von 1113–1125 Großfürst in Kiew war, ließ die Chronik, die im Höhlenkloster entstanden war, in seinem, dem Wýdubizkij Kloster von dem Abt dieses Klosters abschreiben. Wahrscheinlich hat Ssilwéstr die Chronik nicht einfach abgeschrieben, sondern sie in dem Sinn überarbeitet, daß sein Patron Wladímir Monomách und dessen Vater Wsséwolod stets in einem möglichst guten Licht erschienen. Ihre Rolle wird häufig lobend hervorgehoben; wo sie versagen, wird es nicht verschwiegen, aber doch nach Möglichkeit entschuldigt. – Das Jahr 6624 n. E. W. entspricht dem Jahre 1116 n. Chr. 1118 wurde Ssilwéstr Bischof in Perejásslawl, am 12. April 1123 ist er gestorben. – Zur Indiktion s. Nr. 29, Anm. 13. – Die im Höhlenkloster entstandene »Néstorchronik« ist uns nur in dieser Abschrift und Überarbeitung des Abtes Ssilwéstr erhalten. Alle bisher von uns dargebotenen Stücke stammen aus dieser Ssilwéstr-Redaktion der »Néstorchronik«. Wir haben Grund, dem Ssilwéstr dankbar zu sein für seine Mühe und die von ihm ausgesprochene Bitte zu erfüllen.

32. Text: »Polne sobranie russkich letopisej«, Bd. 2, 2. Aufl., St. Peterburg, 1908, Sp. 784 f. – Wie in der Vorbemerkung zu Nr. 31 gesagt, stammen alle bisher dargebotenen Stücke aus der von Ssilwéstr überarbeiteten Néstorchronik, die nicht später als 1116 entstanden ist. Wir bringen zum Schluß einen Abschnitt aus einer Fortsetzung dieser Chronik, der sogenannten Hypátius-Chronik, in dem die Eroberung Kiews durch die Tataren im Dezember 1240 beschrieben wird. Kiew hatte schon vorher stark an Bedeutung verloren; aber erst die Katastrophe von 1240 bezeichnet das Ende der Kiewer Epoche der russischen Geschichte. Das Schwergewicht Rußlands verlagerte sich jetzt ganz in den Nordosten, wo es in den folgenden Jahrhunderten seinen neuen Mittelpunkt in Moskau fand.

32,1. 6748 n. E. W. entspricht dem Jahr 1240 n. Chr. – Der Tataren-Khan Batú (russisch Batýj), 1208–1255), ein Enkel Dschingis-Khans, des Begründers des mongolisch-tatarischen Weltreiches, brach im Winter 1237/38, von Südosten kommend, mit einem riesigen Heer in Nord-

Anmerkungen

ostrußland ein und zerstörte dort alle bedeutenden Städte außer Nówgorod am Ilmensee. In den Jahren 1239 und 1240 wandte er sich gegen das südliche Rußland.

32,2. Unter dem »russischen Land« verstand man damals Südrußland, die weitere Umgebung von Kiew.

32,3. Mit dem »bulgarischen Land« ist das Land der Wolga-Bulgaren an der mittleren Wolga gemeint (s. o., Nr. 16, Anm. 1), das die Tataren 1236 erobert und unterworfen hatten. Das »Ssúsdaler Land« ist das Gebiet nördlich und nordöstlich von Moskau mit den Städten Ssúsdal, Wladímir an der Kljásma, Rostów usw. Dieses Land war im Winter 1237/38 von den Tataren erobert und verwüstet worden.

32,4. Durch das Polnische Tor ging der Weg von Kiew nach Süden, in Richtung des Höhlenklosters. Mit der »Waldschlucht« ist das Tal gemeint, durch das heute der Kreschtschátik, die Hauptstraße Kiews, führt; vgl. o., Nr. 2, Anm. 2.

32,5. Dmítrij war Tausendschaftsführer in Kiew. Ihm war von dem Fürsten Daniíl von Galizien, der sich als den rechtmäßigen Fürsten von Kiew betrachtete, die Verteidigung der Stadt übertragen worden.

32,6. Die Kirche der Gottesmutter ist die von Wladímir dem Heiligen erbaute Zehntkirche, s. o., Nr. 15, Anm. 2. Sie lag in dem Stadtteil, der in der Zeit Wladímirs die ganze Stadt ausgemacht hatte. Vielleicht standen noch Reste der alten Stadtbefestigung, die diese Stadt Wladímirs ursprünglich umgeben hatte und die dann bei der Stadterweiterung durch Jarossláw (s. o., Nr. 23) überflüssig geworden und in Verfall geraten war. Die alten Anlagen konnten in einer Nacht vielleicht notdürftig zur Verteidigung wiederhergestellt werden.

Zum Bild auf dem Buchdeckel:

Die Zeichnung stellt den Helm des Fürsten Jarossláw (in der Taufe Feodor) Wsséwolodowitsch dar, den dieser sich im Jahre 1216 nach einer verlorenen Schlacht vom Kopf riß und wegwarf. Er wurde im Jahre 1808 an dieser Stelle auf dem Schlachtfeld gefunden und wird jetzt in der Rüstkammer (Orushejnaja palata) des Moskauer Kreml aufbewahrt. Das Relief auf der Vorderseite des Helms zeigt den Erzengel Michael, die Umschrift lautet: »Großer Heerführer Gottes, Michael, hilf deinem Knecht Feo(dor).«

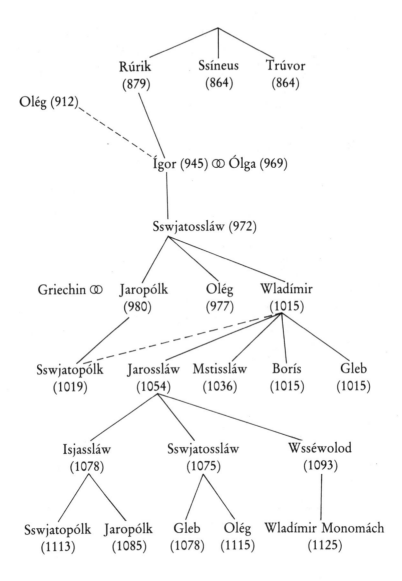

Stammtafel der Rurikiden 860–1125

Die Jahreszahlen hinter oder unter den Namen geben das Todesjahr an. Olég (gest. 912) gilt als Vormund des Ígor; Sswjatopólk (gest. 1019) als Stiefsohn des Wladímir.